KB204194

궁금해 #3

안덕원 교수의
예배 꿀팁

안덕원 지음

홍성사.

코로나19 팬데믹 이후 우리의 예배에는 큰 변화가 일어났습
니다. 현장 예배 교인이 줄어든 대신 온라인 예배 교인이 늘고
대안적인 예배에 관심이 높아졌습니다. 교회 공간에서의
활동은 약화되었지만 미디어를 활용한 다양한 시도가
나타났습니다. 새로운 소통 방식에 대한 긍정적인 반응과
디지털 격차와 소외에서 비롯된 안타까운 이야기가 동시에
들려옵니다. 그 어느 때보다 예배에 관한 새롭고 진지한 논의가
일어났고 예배의 회복과 갱신도 자주 이야기되었습니다.
이것은 우연이 아닙니다. 지금은 우리의 예배에서 진정
갈급했던 것, 부족한 것을 진지하게 숙고해야 할 때입니다.

이런 방향을 가지고 저술했습니다.

① 다양한 교단의 예배를 선입견 없이 기술하고자 했습니다.
② 역사 속에서 발견할 수 있는 예배의 소중한 유산을
   선별하여 사례로 소개했습니다.
③ 필요한 경우 용어나 개념에 대한 신학적인 설명을
   추가했습니다.
④ 정보와 지식뿐 아니라 묵상 자료로도 활용할 수 있도록
   만들었습니다.
⑤ 시대와 문화의 변화를 반영했습니다.
⑥ 사역자와 신학생, 평신도가 함께 사용할 수 있도록 보편성과
   실용성을 높였습니다.

이 책에 사용된 자료 중에는 그동안 제가 쓴 논문이나 월간지에 기고했던 내용들이 직간접적으로 들어 있습니다. 다른 저자의 글을 인용한 경우 따로 주를 달지 않고 문장 안에서 인용한 내용을 밝혔습니다.

이 책은 답이 아닙니다. 명제도 아닙니다. 영과 진리로 드리는 예배를 위해 고민하고 기도하자고 내미는 소박한 초대장입니다. 이 책이 거룩한 감각의 회복, 예배에 대한 깊은 대화에 마중물이 되기를 바랍니다.

부족한 이에게 출판을 제안하고 세심하게 도움을 준 홍성사와 좋은 아이디어, 세밀한 검토, 아낌없는 격려로 출간을 도와주신 분들께 감사의 인사를 드립니다. 장로회신학대학교 유재원 교수님과 햇불트리니티신학대학원대학교에서 만난 김주희, 조병란, 차두진, 김월섭 님께 감사드립니다. 사랑하는 가족들의 따뜻한 응원에도 고마운 마음을 전합니다. 그리고 햇불트리니티신학대학원대학교의 격려와 출판 지원에 감사드립니다.

2023년 3월

안덕원

차례

1. 예배란 무엇인가요?

토르가우 성채교회는 마르틴 루터에 의해 세워진
최초의 개신교회 건물로 루터는 이 교회의 헌당식 설교에서
독일어로 예배를 의미하는 "Gottesdienst"(주님이 말씀하시고
우리가 응답하는 것)라는 단어를 썼다. [51p]

2. 어떻게 영과 진리로
예배할 수 있나요?

렘브란트의 1659년 작품 〈그리스도와 사마리아 여인〉.
우물을 도드라지게 크게 그려서 예수님의 위대함을 역설적으로
드러내는 그림으로 알려져 있다. [56p]

3. 예배는 구약의 희생 제사와 같나요?

페테르 파울 루벤스의 1626년 작품 〈계약 궤를 성전에 모시는 솔로몬〉.
이 그림은 구약의 희생제사와 그리스도의 희생,
성찬예식을 연결시킨다. [59p]

4. 초대교회는 어떻게 예배했나요?

주후 2세기 후반부터 4세기까지 사용된 로마의
지하무덤(Catacomb of Priscilla). 비교적 큰 공간에 여러 프레스코화가
있는데 특히 일곱 명이 참석한 성찬식 그림이 눈에 띈다.
초대교회에서 성찬식이 중요했음을 보여준다. [62p]

5. 예배의 전통과 기준은 왜 중요한가요?

ΑΠΟCΤΟΛΙΚΗ ΠΑΡΑΔΟCΙC

THE TREATISE ON
THE APOSTOLIC TRADITION
OF ST HIPPOLYTUS OF ROME
Bishop and Martyr

Edited by
GREGORY DIX
and
HENRY CHADWICK

주후 3세기 초(215-217 추정) 《사도전승》(*Apostolic Tradition*) 현대 표지.
로마의 감독이었던 히폴리투스가 편집한 교회 생활 안내와
두 개의 성찬 예식이 담긴 문서다. 초대교회 예배의 원형이 담긴 책으로
신학적, 역사적, 예전적으로 중요하게 여겨진다. [64p]

6. 안식일과 주일은 다른가요?

예수님께서 허리가 꼬부라진 여인을 안식일에 고치신 사건(눅 13:10-17)을
묘사한 정교회 이콘(Icon). 성경은 주님께서 안식일의 주인임을
분명히 알려준다. [68p]

7. 주일에 한자리에 모여
예배하는 이유는 무엇인가요?

듀라 유로포스(Dura Europos)는 파르티아와 고대 로마의
국경에 위치하였던 헬레니즘 시대의 국경 도시로 커다란 홀이 있는
가정교회가 발견된 곳이다. 위 공간은 세례를 위해 사용되었다.
프레스코화들은 3세기 초(AD 235년 추정) 것으로
현존하는 가장 오래된 작품들이다. [71p]

8. 하나님이 받지 않으시는
예배도 있나요?

포드 매독스 브라운의 1876년 작품 〈베드로의 발을 씻기시는 그리스도〉.
부끄럽고 민망한 듯 보이는 베드로의 자세와 표정이 예수님의
담담하고 침착한 모습과 대비된다. 예배의 출발점인
주님의 은혜에 대해 생각해 볼 수 있는 그림이다. [74p]

9. 왜 교회마다 예배 순서와 형식이 다른가요?

프랑스 떼제 공동체의 예배. 수도원 공동체에서 이루어지는
포용과 환대, 상징, 그레고리안 성가를 연상시키는
단순한 찬양으로 잘 알려져 있다. [79p]

10. 우리나라 예배는 다른 나라와 다른가요?

평양 장대현교회 여자사경회 모습.
캐나다 출신 남감리교 의료선교사 하디가 1903년 8월 24일부터
30일까지 기도와 성경공부를 위한 모임에서 자신의 실패와 교만과 죄를
고백했고, 이를 목격한 수많은 이들이 죄를 고백하고 회개하며
새로운 삶을 살게 되었다. 평양 대부흥운동(1907)은 회개와 부흥의 역사를
잘 보여주며 한국 개신교회 예배의 특징과도 관련된다. [82p]

11. 참회의 시간은 꼭 필요하나요?

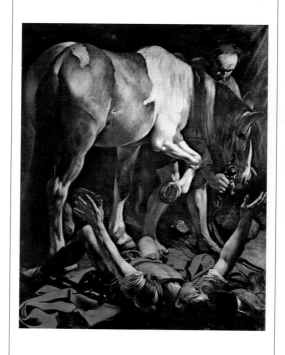

카라바조의 1601년 작품 〈다메섹으로 가는 길〉.
두 팔을 벌리고 눈을 뜨지 못하는 사울의 모습이
마치 영화의 한 장면 같다. [86p]

12. 예배 순서에 사도신경이
꼭 있어야 하나요?

〈사도신경을 만드는 사도들〉.
1295년에 그려진 그림으로 열두 사도가 성령의 영감을 받고
사도신경을 만드는 상상의 장면이다. [89p]

13. 교독문의 역할은 무엇인가요?

(왼쪽) 제네바 시편교송(Genevan Psalter)에 담긴 시편 19편과 100편.
칼뱅은 시편을 따라 부르기 쉽도록 2분 음표와 4분 음표로 구성된
단순한 노래를 만들어 예배에서 사용하였다. 원래 시편은 서로 주고받으며
노래하였거니와 교독문은 교송, 즉 노래로 부르는 경우가 많다. [92p]

13a

(오른쪽) 제네바 시편교송 145번. [93p]

13b

14. 예배가 축도로 끝나는 이유는 무엇인가요?

깜파넬라 안젤로의 그림.
축복하는 아시시의 성 프란치스코를 묘사하고 있다. [95p]

15. 대표기도는
어떻게 해야 할까요?

조제프 이스라엘스는 밀레와 비교되곤 하는 화가로
가난하고 소박한 서민들의 삶을 통해 인간의 슬픔과 아픔을 다루고
깊은 연민을 표현한다. 이 그림은 목자가 들판에서 소박한 음식을 앞에 두고
기도드리는 모습을 통해 겸손한 감사를 표현한다. [98p]

15a

니콜라스 마스의 1656년 작품 〈기도하는 노파〉.
일용할 양식을 주신 하나님께 감사하는 모습을 사실적으로 그렸다.
얼굴 옆에 보이는 모래시계는 제한된 짧은 인생을 의미한다. [99p]

15b

16. 왜 찬양대와 찬양팀이
나뉘어 있나요?

마르틴 루터가 쓴 〈내 주는 강한 성이요〉 독일어 악보. 루터는 음악을
중요하게 여겼고 다양한 예배음악을 장려했다. [102p]

패니 크로스비는 어릴 적 당한 의료사고로 시각을 잃었지만
아름다운 찬송시를 수없이 남겼다.
대표작으로 〈예수를 나의 구주 삼고〉 등이 있다. [105p]

18. 헌금은 꼭 내야 하나요?

요제프 단하우저의 1838년 작품 〈과부의 헌금〉.
귀부인이 자신을 드러내기 위해 헌금을 드리는 가식적인 모습과
가난한 과부과 그녀의 아들이 시각장애인 걸인에게 돈을 주는 장면을
대조적으로 묘사했다. [109p]

19. 교회력과 절기는 무엇인가요?

렘브란트의 1639년 작품 〈그리스도의 부활〉.
마태복음 28장 1-4절을 생생하게 묘사한 이 그림에서
천사가 관 뚜껑을 열자 예수님이 나온다. 군인들은 놀라서 달아나고
혼란 속에서 넘어지고 칼을 떨어뜨리기도 한다.
두 여인은 놀라면서도 천사를 바라보며 기뻐한다. 부활에 대한 기억은
매주일을 작은 부활절로 기념하는 전통의 기반이 되었다. [113p]

20. 대림절은 무엇인가요?

렘브란트가 죽던 해 그린 〈시므온의 노래〉.
미완성작으로 그의 마지막 작품으로 알려졌다.
아기 예수를 오랫동안 기다려온 시므온의 마음이 표현된 그림으로
뒤에 있는 여인은 마리아 혹은 안나일 것으로 추정되며
렘브란트의 사후에 다른 사람이 그려 넣었다는 설이 있다. [117p]

21. 성탄절은 왜 12월 25일인가요?

알브레히트 뒤러의 1504년 작품 〈동방박사의 경배〉.
뒤러는 세 명의 박사가 황금, 유향, 몰약을 들고 서 있는 장면을 묘사하면서
터번 차림의 네 번째 인물을 오른쪽 귀퉁이에 그려 넣었다. 선물을
드리고 싶으나 그럴 여건이 안 되는 이들을 대변하는 듯한 느낌이다. [120p]

22. 사순절과 부활절은
어떻게 기념해야 할까요?

카라바조의 1602년경 작품 〈예수의 체포〉.
카라바조는 급박한 체포의 장면에서 침착함을 잃지 않는
인자한 모습의 예수와 예수께 험악한 모습으로 얼굴을 내미는
유다의 모습에 집중하고 있다. 오른쪽에 램프를 들고 예수의 얼굴을
비추고 있는 사람이 바로 카라바조다. [123p]

23. 오순절은 무슨 절기인가요?

오순절 성령의 임재를 그린 세인트루이스 바실리카
대성당에 있는 〈천장화〉. [126p]

24. 추수감사절과 맥추감사절은 우리나라 명절에 맞춰 지키면 안 되나요?

레온 제롬 페리의 1621년 작품 〈첫 추수감사절〉.
인디언들과 함께 음식을 나누는 장면이 인상적이다. [129p]

25. 다른 중요한 절기는 없나요?

비텐베르크 교회에 만들어놓은 루터의 95개조 반박문 기념물. [132p]
(출처: altwerden-spaeter.blog)

26. 성찬식의 의미는 무엇인가요?

경동교회 성찬식. 성찬식의 집례와 참여 방식은 다양하다.
경동교회의 경우 성도들이 직접 나와서 빵을 받아 포도주에 적셔서 먹는다.
포도주는 알코올이 없는 포도즙이나 포도주스로 대체할 수 있으며,
도장으로 찍어 낸 듯 얇은 과자인 웨이퍼(wafer)도
많은 교회에서 사용한다. [137p]

27. 성찬식 참여 자격이 있나요?

주후 16세기 불가리아의 크레미코브지 수도원에 있는
최후의 만찬 그림. [140p]

28. 성찬과 애찬은
어떻게 다른가요?

성 마르셀리우스와 베드로 카타콤에 있는 프레스코화(Fourth-century
fresco of a banquet at a tomb in the Catacomb of Saints Marcellinus
and Peter) 〈친교의 식사〉. 평등하게 참여하는 식사의 모습을 그리고 있는데
성찬과 애찬은 이렇듯 사랑의 나눔이라는 요소를 공유한다. [143p]

29. 성찬식에는 어떤 빵과 포도주를 사용하나요?

예수님과 제자들이 나눈 마지막 만찬의 한 순간을 포착하여 묘사했다.
색깔과 위치 그리고 빛이 비추는 방향이 예수님을 강조하는 가운데
제자들에게 직접 먹여주시는 장면을 생생하게 담아냈다.
성찬은 빵과 포도주를 통해 주님의 희생을 기념하는 의미심장한 시간이며
감사와 교제, 천국 잔치의 재현 등 다양한 의미가 있다. [146p]

30. 남은 성찬빵과 포도주는 어떻게 하나요?

대한성공회 서울 주교좌성당 지하에 위치한 세례자 요한 성당.
앞쪽의 붉은 빛으로 표시된 곳에 성찬식 후 남은 빵(성체)을 보관한다.
흔히 감실(龕室, 라틴어: Tabernaculum)로 알려졌는데 성공회에서는
성막이라고 부른다. 대부분의 개신교회에는 이런 시설이 없고
성찬식 후 남은 빵과 포도주는 되도록 바로 처리하고 있다. [149p]

31. 교회에 다니려면
꼭 세례를 받아야 하나요?

이탈리아 라벤나에 있는 예수님의 세례를 표현한 모자이크(주후 약 500년).
강물의 신이 왼쪽에 있는데 당시 사람들의 신앙과 연결시켜
묘사한 점이 특이하다. 열두 사도가 둘러서 있다. [152p]

31a

아프리카 튀니지에 있는 로마식 세례탕이다.
위에서 아래로 내려갔다가 다시 올라오는 구조로 그리스도와 함께 죽고
함께 산다는 세례의 의미를 가시적으로 구현했다. [153p]

31b

32. 신앙을 고백할 수 없는 유아가 세례를 받아도 되나요?

루카스 크라나흐의 1547년 작품 〈유아세례를 베푸는 멜란히톤〉.
루카스 크라나흐는 르네상스 시기의 독일의 화가로 한스 크라나흐의 동생이다.
종교개혁기에도 유아세례에 대하여 다양한 의견이 있었다. [155p]

33. 성찬식은 목사님만 집례할 수 있나요?

스페인 화가 후안 후아네스(1523-1579)의 〈최후의 만찬〉.
세족식을 의미하는 물 주전자와 대야가 눈에 띈다.
성찬이 예수 그리스도의 죽음 및 새언약과 관련 있음을 알려준다.
제자들의 머리 위에 둥근 광륜(후광)이 있는데 돈주머니를 움켜쥔 유다의
머리 위에만 없다. 유다는 배신을 상징하는 노란색 옷을 입고 있다. [158p]

34. 교회에 갈 수 없는 상황, 무엇이 옳은 예배인가요?

엘 그레코의 1585년 작품 〈기도하는 성 프란시스〉. 그리스 출신으로
주로 스페인에서 활동한 그는 강렬한 색채와 독특한 작품세계로 유명하다.
선명한 색과 어두운 배경이 대조적인 이 그림에서 화가는
성 프란시스가 주님의 고난과 죽으심을 묵상하다가
주님의 흔적을 받는 신비로운 경험을 묘사했다. [163p]

35. 혼자 예배해도 '예배'라고 할 수 있나요?

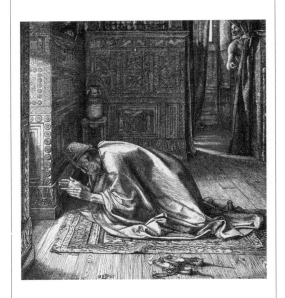

E. J. 포인터(Poynter)의 그림을 댈지엘(Dalziel) 형제가 목판에 조각한 〈다니엘의 기도〉. '댈지엘의 성경 갤러리'(Dalziels' Bible Gallery)는 62개의 목판으로 구성되었으며 그 가운데 하나다.
다니엘이 신실하고 애절하게 기도하는 모습을 묘사한 이 목판화는 거친 질감과 명암의 대조를 통해 다니엘의 상황과 심정을 잘 보여준다. [166p]

36. 온라인 예배,
어떻게 바라보아야 할까요?

토어스룬데교회 제단화(the Altarpiece of the Church of Torslunde)인
〈성도들에게 설교하는 마르틴 루터〉(Martin Luther Preaching to Faithful, 1561).
하나님의 자녀들이 모여 하나님의 말씀을 나누고 성례전이 행해지는 곳이
교회이며 예배라는 사실을 보여주는 그림이다.
형식과 장소는 다양하지만 이 기본적인 원칙에는 변함이 없다. [170p]

37. 온라인 성찬도 유효한가요?

15세기 러시아 화가 안드레이 루블료프가 그린 〈성삼위일체〉.
그림 안쪽으로 들어갈수록 테이블이 더 커진다. 테이블에 앉은
인물의 관점에서 그려 원근법을 따르지 않아서 보기에 다소 어색할 수 있다.
이 그림은 아브라함에게 하나님이 세 천사의 모습으로 나타난 이야기를 담고 있다.
세 천사와 더불어 상수리나무와 산이 묘사되어 있다. 왼편에 있는 천사가
성부 하나님이다. 테이블 위에는 잔이 한 개 있는데 아브라함의 환대와
그리스도의 희생을 나타낸다. 온라인과 오프라인을 막론하고 가장 중요하고
본질적인 예배의 요소는 삼위일체 하나님과의 거룩한 교제일 것이다. [174p]

38. 예배에서의 상징과 예술을 어떻게 이해할까요?

이탈리아 라벤나(Ravenna)의 갈라 플라키디아 영묘(Mausoleum of Galla Placidia) 내부 북쪽에 있는 선한 목자 모자이크. 금색은 존귀와 영광을 나타내며 양들이 모두 목자를 쳐다보고 있음이 이채롭다. [177p]

39. 예배만 드리는 건물이
꼭 필요할까요?

르 꼬르뷔제의 롱샹성당 내부.
경건미와 포스트모더니즘의 개성적인 시도가 돋보이는 건물이다. [181p]

40. 평등한 예배, 어떻게 드릴까요?

경기도 성남에 있는 광현감리교회(정시춘 설계).
ㄷ자 평면으로 평등하고 유연한 공간을 구현했다. [185p]

예배의
출발과 여정

1. 예배란 무엇인가요?

주님은 우리를 예배하는 존재로 만드시고 그분의 섭리 안으로 초대하십니다. 우리를 만드신 하나님을 인식하고 그분의 뜻을 생각하며 살아가는 존재로 부르셨습니다. 웨스트민스터 소요리문답 제1문항은 "인간의 제일 되는 목적은 하나님을 영화롭게 하며, 영원토록 그를 즐거워하는 것"이라고 가르칩니다. 이는 하나님과의 관계 속에서 하나님의 목적과 의도를 발견하고 그분과 동행하는 기쁨을 만끽하는 삶을 의미합니다. 예배는 이러한 삶으로의 초대입니다.

미국의 예배학자 제임스 화이트(James F. White)는 예배의 의미를 알기 위해서는 다음의 세 가지를 살펴보라고 권합니다. 첫째, 성경 안에서 예배를 뜻하는 단어들입니다. 구약에서는 공경, 경배, 감사를 뜻하는 '샤하'(חוה), 섬김을 뜻하는 '아바드'(עבד)와 같은 단어들이 등장하고, 신약에서는 경의를 표한다는 의미의 '프로스쿠네인'(προσκυνειν)이 등장합니다. 이를 통해 성경이 말하는 예배는 존귀한 존재에 대한 인격적 순종임을 알 수 있습니다. 둘째, 반복되는 예배 의식입니다. 그 안에는 삼위일체 하나님과의 인격적인 관계에서의 은혜에 대한 감사와 찬양, 결단이 담겨 있습니다. 셋째, 루터가 말한 'Gottesdienst'의 의미입니다. 루터는 토르가우 성채교회의 헌당식 설교에서 독일어로 예배를 의미하는 'Gottesdienst'를 구체적으로 설명한 바 있습니다. "우리의 귀중한 주님께서 스스로 그의 거룩한 말씀을 통해 우리에게 말씀하시는 것과,

역으로 우리가 기도와 찬미의 노래 속에서 그에게 말씀하는 것 외에 어떤 다른 것도 있을 수 없다." 요약하면 예배는 계시(Revelation)에 대한 인간의 응답(Response)이라는 것입니다.

예배를 이야기할 때 빼놓을 수 없는 말은 '은혜'입니다. 예배는 자격 없는 이에게 값없이 주시는 하나님 은혜를 경험하고 고백하며 감사하는 시간입니다. 예수님은 잡히시기 전날 밤에 제자들의 발을 씻겨 주셨습니다. 베드로는 자신의 발은 절대로 씻기실 수 없다며 거절했는데, 주님은 "내가 너를 씻어 주지 아니하면 네가 나와 상관이 없느니라"(요 13:8)라고 하셨습니다. 하나님은 부족하고 연약한 우리를 부르시며 더러운 발을 씻어주겠다고 오늘도 말씀하십니다. 어떻게 이 은혜를 경험할 수 있을까요? 베드로처럼 먼지 묻은 더러운 발을 주님 앞에 내어놓으면 됩니다. 모세처럼 하나님의 영광 앞에 엎드리면 됩니다. 엘리야처럼 주님이 주시는 음식을 받아먹으면 됩니다. 그때 우리는 주님과 상관있는 존재가 됩니다. 은혜는 그렇게 예배자의 빈 마음에, 겸손한 엎드림과 회개에, 아픔과 공허와 혼란 속에 값없이 풍성하게 부어집니다.

예배는 이웃과 더불어 드리고, 이웃을 향하는 것입니다. 예배 순서도 이러한 의미를 담고 있습니다. 예배로의 부름에 응답하며 주님께 나아와 말씀과 성찬을 나누고 찬양을 부릅니다. 구원의 기쁨과 은혜를 고백하는 것입니다. 그리고 파송(Sending forth)을 통해 세상에서 하나님의 백성은 이웃을 섬겨야 함을 상기합니다. 미국의 예배학자 루스 덕(Ruth C. Duck)은 '리허설로서의 예배'를 말하며 예배는 "세상에서의 삶을 준비하기 위한 사랑과 정의와 평화를 예행연습"하는 것이라고 정의합니다.

여기서 우리는 '예배와 교회는 주차장이 아니고 주유소'라는 이재철 목사의 말을 기억할 필요가 있습니다. 예배는 새로운 힘을 공급받고 거룩한 일상을 향해 출발하는 시간입니다. 예배에서 은혜를 만끽하는 것도 중요하지만, 예배는 은혜받은 사람에게 어울리는 거룩하고 신실한 삶의 모습까지 포괄합니다. 예배와 삶 사이의 선순환이 이루어져야 한다는 의미입니다. 김기현 목사는 "디오그네투스에게 보내는 편지"를 소개하면서 우리가 흔히 생각하는 신앙의 정의가 반복적, 제의적 종교 활동이 아님을 분명하게 일깨워 줍니다. 초대교회 시기 기독교인들은 다른 사람들과 차별되는 수준 높은 삶의 양식으로, 모든 사람들을 사랑하는 포용의 윤리로, 욕을 얻어먹으면서도 축복하는 특이한 존재 방식으로 "경이로움의 대상"이 되었습니다. 하나님 앞으로 그분의 은혜를 입은 자녀로 겸손하게 나아가 감사하는 마음으로 예배하고 그 마음을 가지고 증언하는 모든 삶의 국면과 내용이 바로 예배의 의미이며 본질입니다. 바로 이것이 하나님의 은혜에 응답하며 그 기준에 근거를 두는 삶이며 그분께서 그러하셨듯이 우리 몸을 산 제사로 드리는 삶입니다.

2. 어떻게 영과 진리로 예배할 수 있나요?

영과 진리로 예배드린다는 이야기는 요한복음 4장에 기록된, 예수님과 수가성 여인의 대화에서 찾을 수 있습니다. 그 여인은 아픔과 상처가 있는 존재입니다. 남편이 여럿이었고 사랑에 목말라 합니다. 진정한 기쁨과 만족을 갈망하고 있습니다. 주님이 영원히 목마르지 않을 생수를 주겠다고 약속하자, 여인은 예루살렘 성전과 사마리아 그리심산에 있는 성전 중 어느 곳으로 가야 하나님이 받으시는 예배를 드릴 수 있는지 묻습니다. 유대인과 사마리아인이 각기 다른 성전에서 예배를 드렸으니 그런 의문이 들 수 있습니다. 예수님은 장소가 아닌 "영과 진리"라는 예배의 본질적 속성에 대해 말씀하십니다(요 4:21-24).

사마리아 여인의 질문은 과연 어디에서 예배드리는 것이 옳으냐는 것이었는데 예수님은 "어디서"가 아니고 "어떻게"가 중요하다고 분명하게 밝히셨습니다. 기독교는 장소에 연연하지 않습니다. 고대 그리스 신화에 나오는 신들이나 우리나라의 귀신들도 각자 활동 영역이 나름대로 정해져 있으나 하나님께서는 무소부재하신 분이고 늘 우리와 함께 계시기를 원하시기에 그분을 만나는 곳은 신전으로 특정되지 않습니다. 예배의 장소는 사실 우리에게 달려 있습니다. 영으로 예배드린다는 것은 가시적, 물리적 환경에 의해 좌우되지 않는다는 의미입니다. 산, 바다, 들판 어디라도 좋습니다. 외적인 조건들을 초월하여 하나님께 감사하고 찬양할 수 있습니다. 바울과 실라는 빌립보의 감옥에 갇혔으나 한밤중에 기쁨과 감사의 찬양을 드렸고 심지어 간수에게 복음을 전하기도 했습니다(행 16:19-40).

여기서 놓치지 말아야 할 본질과 원칙을 생각해볼 수 있습니다. 통상 영은 '성령'을 의미하고 진리는 '예수 그리스도' 혹은 '하나님의 말씀'으로 해석합니다. 우리가 잘못된 영으로 예배할 수 있기에 우리의 예배는 성령에 의해 인도받아야 하고 진리의 말씀에 입각해야 합니다. 진리로 예배하는 것은 진리이신 예수님을 받아들이고 그분의 인도하심을 받아 신실한 믿음 안에서 예배드리는 것입니다. 영과 진리로 예배한다는 것은 인간의 전 존재가 주님과 만나는 일입니다. 하나님은 영이시기에 우리의 영으로 그분과 교제합니다. 그렇게 영적인 교제가 이루어져야만 비로소 어디에 있거나 무엇을 하거나 주님과 동행하고 주님의 현존을 고백하는 코람 데오(Coram Deo, 하나님 앞에서)의 삶을 살아갈 수 있습니다.

결론적으로 영과 진리로 예배를 드리려면 주님과 잇닿아 있어야 합니다. 그분의 마음을 품고, 그분의 안목과 관점으로 우리와 세상을 바라보아야 합니다. 주님이 영으로 장소를 초월하여 우리 곁에 계신 것을 인식하고 늘 진리이신 그분의 뜻에 부합하는 신실한 삶을 살도록 노력하는 것입니다. 마지막으로 정말 중요한 사실이 있습니다. 그것은 이 말씀이 명령형이며, 영과 진리로 예배하는 것은 자유로운 선택사항이 아니라 성도의 마땅한 의무라는 것입니다.

예배의 기본적인 속성이 예배의 대상인 삼위일체 하나님과의 인격적 만남과 교제라는 사실은 수많은 이들에 의해 반복적으로 강조되어 왔습니다. 그렇다면 어떻게 해야 삼위일체 하나님을 예배할 수 있을까요?

첫 번째로 삼위일체 하나님에 대한 직접적인 고백이나 묘사가

담긴 찬양을 부르고 기도를 드리는 것입니다. 송영(頌榮, 예배의
시작과 마지막에 들어가는 기도 형식의 송가)이 대표적인 예입니다. 단순한
가사에 삼위일체 하나님을 찬양한다는 내용이 담겨 있습니다.
축도 역시 가장 직접적으로 삼위일체 하나님을 전하는 예배
순서입니다. 세례식에서 성부와 성자와 성령의 이름으로
세례를 베푸는 것도 좋은 예이고, 성찬식에서 하나님께
감사하고 예수 그리스도의 희생을 기념하고 성령의 임재를
위해 기도하는 것도 빼놓을 수 없습니다. 설교와 기도에서
삼위일체 하나님이 언급되기도 합니다.

두 번째로 예배 중에 간접적으로 사용하는 방법이 있습니다.
삼위일체 하나님에 대한 묘사가 담긴 찬송가도 좋은 예가 될
듯합니다. 〈주 하나님 지으신 모든 세계〉와 같은 찬송은 성부,
성자, 성령 하나님에 대한 고백을 아름다운 곡조에 담았습니다.
'삼위일체'라는 표현이 없지만 풍성하게 삼위일체 하나님의
은총을 증언합니다. 또한 자연스럽게 설교와 기도 가운데
녹여낼 수도 있을 것입니다.

세 번째 기준이 아마도 가장 중요하지 않을까 생각됩니다.
스코틀랜드의 신학자 제임스 토런스(James B. Torrance)는
자신을 단번에 바치신 대제사장 예수 그리스도의 은총과
그분과의 신비로운 교제를 중심으로 예배를 설명합니다.
토런스에 따르면 예수 그리스도와의 "놀라운 교환"이 예배
속에서 이루어집니다. 무가치한 우리의 것을 취하셔서
우리에게 은총으로 돌려주신다는 의미입니다. 이처럼 이해하기
힘든 신비로운 관계가 가능한 것은 바로 성령께서 우리를
그리스도께로 들어 올리시기 때문입니다. 즉 성령의 도우심
가운데 예수 그리스도의 임재를 느끼고 하나님의 은혜를
경험하는 예배라고 할 수 있습니다. 삼위일체적 예배는
삼위일체 하나님께서 역동적으로 일하시고 그 사역에 우리가
기쁨과 소망으로 참여합니다.

토런스는 삼위일체 하나님과의 교제로서의 예배 맞은편에
유니테리언(unitarian)적 예배가 존재한다고 주장합니다. 그가
이야기하는 유니테리언적 예배는 유니테리언 교단의 예배가
아니라 삼위일체적이고 교제적인 예배와 반대로 일방적이고
비교제적인 예배입니다. 따라서 유니테리언적 예배를 다음과
같이 정의할 수 있습니다.

> 그리스도의 중보자 되심 혹은 유일한 제사장 되심에 대한
> 교리가 없고, 인간 중심적이며, 적절한 성령론도 없고, 대부분
> 비성례적이며, 우리를 탈진하게 만들 수 있다.

우리가 드리는 예배는 삼위일체적인지요? 우리의 이기적인
욕심이 앞서지는 않는지, 무엇인가를 성취해야 한다는 부담이
없지는 않은지, 예수 그리스도의 구속의 은총 대신 설교자나
설교에 등장하는 신화화된 인물들이 주인공인 것은 아닌지
곰곰이 살펴보아야겠습니다.

2

노파심에서 덧붙입니다. 삼위일체 교리를 자세하게 전한다
하여 자동적으로 삼위일체적 예배가 되는 것은 아닙니다.
일방적으로 전달되는 교리는 생명력을 갖지 못합니다.
예배는 일상에서 거룩하고 아름다운 교제를 이루어가기
위해 삼위일체 하나님을 만나고 은총을 경험하고 충전하는

시간입니다. 그 은총은 결코 마르지 않으며, 삼위일체 하나님과의 교제는 그분의 사랑 안에서 성도들을 끊임없이 풍요롭게 해줍니다.

3. 예배는 구약의 희생 제사와 같나요?

구약에는 제물을 모두 태워 드리는 제사인 번제가 나옵니다.
아낌없이, 남김없이 드린다는 의미를 가지고 있습니다. 식물을
가루로 만들어 바치는 소제도 동일합니다. 제사에는 특별한
정성과 헌신이 필요합니다. 예를 들어 구약의 제사에서 양을
바치는 장면을 상상해보십시오. 율법에 따라 흠 없는 것을
하나님께 드려야 하니 꼼꼼하게 살펴서 제물을 선택합니다.
만약 양을 제단으로 옮기다가 놓쳐서 그만 양의 다리가
부러졌다고 해봅시다. 어떻게 해야 할까요? 작은 상처라
해도 돌아가서 흠 없는 양을 다시 가지고 와야 합니다. 왜
이렇게까지 했을까요? 하나님께서 베푸신 은혜에 정성을
다해 감사한다는 의미입니다. 하나님께서 베푸신 것에 비하면
여전히 부족하지만 최선을 다해서 준비하는 것입니다. 심지어
몸도 깨끗하게 씻고 마음을 정결하게 가다듬어 만반의 준비를
합니다. 이러한 희생 제사의 정신은 현재 우리가 드리는
예배에서도 유효하다고 생각합니다.

다만 이제 더 이상 희생 제사도, 희생 제사의 마지막 과정을
담당한 대제사장도 필요하지 않습니다. 예수 그리스도께서
십자가 위에서 제물이 되셨다가 다시 살아나셔서 우리를
위해 영원한 대제사장이 되셨기 때문입니다(히 7:22-27). 따라서
우리가 드리는 예배는 구약의 희생 제사와는 완전히 다릅니다.
그런 까닭에 종교개혁자들은 당시 가톨릭 성직자의 절대적
권위를 인정하지 않았으며 특히 예배(미사)에서 제사장 역할을
하는 것을 강력하게 부인하고 비판했습니다. 그러므로

목회자가 제사장이라는 표현은 조심스럽게 사용해야 할
것입니다.

3

그렇다면 어떻게 희생 제사의 정신을 살리면서 온전한 예배를
드릴 수 있을까요? 첫째, 제사의 형식보다 제사에 담긴 깊은
의미와 그것을 준비하고 실천하는 정신과 태도를 본받아야
합니다. 둘째, 우리의 대제사장이 되어 주신 주님에 대한
정확한 이해와 신실한 고백이 필요합니다. 히브리서 4장
15절의 동정(同情)이라는 표현을 기억하십니까? 체휼(體恤)
혹은 공감으로도 번역되는 이 단어는 다른 사람의 입장에
대한 전인격적 반응을 뜻합니다. 예수께서는 인간을 불쌍히
여기시고 스스로 희생제물이 되셨습니다. 자신을 희생하는
아름다운 사랑입니다. 이제는 예수 그리스도의 희생으로
인해 더 이상 구약의 희생 제사가 필요 없다는 뜻이기도
합니다. 셋째, 우리 모두가 제사장 역할을 다양한 방법으로
감당할 수 있도록 자신을 살피는 자세가 필요합니다. '왕
같은 제사장'(벧전 2:9)이라는 표현은 우리 모두가 예배드릴 수
있는 존귀한 존재임을 알려줍니다. 그런데 제임스 토런스는
예수 그리스도보다 교회 혹은 개인의 제사장직을 강조하는
경향을 주의해야 한다고 했습니다. 교회나 개인이 그리스도의
자리를 차지하는 것을 경계합니다. 넷째, 그리스도께서 스스로
희생제물이 되신 것을 기억하며 우리 자신을 산 제사로 드리는

자세를 가져야겠습니다.

결론적으로 현재 우리가 드리는 예배는 형식뿐 아니라 대제사장 이해에 있어서 구약의 희생 제사와는 확연히 구분됩니다. 대제사장은 예수 그리스도 한 분뿐임을 기억하시기 바랍니다. 성직자가 제사장의 역할을 일부 담당하는 것은 주님으로부터 받은 은사를 발휘하는 것이지 특권을 소유해서가 아닙니다. 다만 앞서 언급한 대로 희생 제사에서 얻을 수 있는 신앙적 통찰과 가르침이 있습니다. 그것은 바로 제사에 임했던 신실한 마음가짐과 태도입니다.

4. 초대교회는 어떻게 예배했나요?

신약성서에는 예배에 대한 간단한 안내가 나올 뿐 상세한
설명은 나오지 않습니다. 예배에 대한 기록이 성경 여러
곳에 흩어져 있고 간단한 서술만 담겨 있습니다. 예를 들어
고린도전서는 성찬에 대해 안내하고, 진지하고 거룩하게
참여하라고 권고합니다(고전 11:20). 죄의 고백과 평화의 인사가
있었고 음악의 경우 시와 찬미와 신령한 노래(골 3:16)를
불렀음을 알 수 있습니다. 함께 신앙을 고백했고 송영도 불렀을
것으로 추정됩니다. 사도행전 2장을 보면 서로 교제하고 떡을
떼며 기도하였고(42절), 집에서 떡을 떼며 음식을 먹었다(46절)는
기록이 나옵니다.

초대교회 교인들은 유대교의 영향으로 성전예배(의식을 강조),
회당예배(말씀을 강조), 그리고 가정예배(식사와 기도를 강조) 등의
방식으로 예배했던 것으로 추측됩니다. 성전에서 예배드리는
것을 귀하게 여겼으나 성전이 무너진 후에는 회당 예배의
전통을 따라 시편을 노래하고 성경을 읽었습니다. 당시
일요일은 쉬는 날이 아니었기에 예배를 드린 시간은 일요일
이른 아침과 저녁이었을 겁니다. 아침에는 회당식 예배를
드리고 저녁에 가정에 모여 식사를 했을 것입니다. 주후 1세기
말의 기독교 예배는 크게 '말씀의 예전'과 '다락방 예전'으로
나뉩니다. 말씀의 예전에서는 성경 봉독, 찬송, 기도, 설교,
신앙고백, 그리고 헌금이, 다락방 예전에서는 봉헌기도와 성찬,
주기도문, 찬송, 평화의 입맞춤이 있었습니다. 그러다 주후

2세기 초중반 아침예배에 성찬이 합해지면서 하나의 예배가 됩니다.

초대교회의 예배 방식은 지금과는 상당히 다릅니다. 예를 들어 찬양의 종류와 불렀던 방식이 그렇습니다. 오늘날처럼 수사학적인 도움을 받은 설교가 존재하지 않았고, 예배 순서를 담은 상세한 주보가 있었을 리 없습니다. 그러나 평화의 입맞춤(Holy Kiss)과 같이 신분과 지위를 뛰어넘는 교제의 순서가 살아 있고, 세례와 성찬이 당시의 사회, 정치, 문화적 상황에서는 도저히 상상할 수 없었던 급진적인 평등을 구현했다는 점에서 초대교회의 예배는 분명히 우리가 모범으로 삼아야 할 정신과 내용을 가지고 있다고 하겠습니다.

신약학자 로버트 뱅크스(Robert Banks)가 저술한 《1세기 교회 예배 이야기》를 보면 가정교회에서 드렸던 축제 같은 예배 모습을 그려볼 수 있습니다. 이 책의 화자인 푸블리우스를 통해 당시 기독교인들이 한 가정에 모여서 드렸던 예배의 모습이 묘사됩니다. 성경, 찬양, 기도(주기도문), 고백, 헌금, 교제, 환대, 나눔으로 예배 순서는 비교적 간단합니다. 간단한 순서이긴 하지만 온전한 예배를 드렸던 것이 분명합니다. 이미 1세기에 드렸던 예배에서 그 본질적인 요소가 모두 드러나기 때문입니다. 그 책을 보면 남자와 여자, 어른과 아이,

심지어 자유인과 노예 사이에 일체의 차별이나 구분 없이 서로 환대하며 예배에 참석하고 모두 함께 식사를 준비하여 나누는 장면이 매우 인상적입니다. 중세처럼 성직자 신분의 분화가 이루어지지 않아 오히려 공동체의 순수성과 평등성이 유지되었다고 평가할 수도 있을 것입니다.

결론적으로 초대교회 기독교인들은 주님의 이름으로 만나서, 말씀을 나누고, 감사하고, 일상으로 가기 위한 축복(강복)에 이르기까지 예배의 정신과 본질을 오롯이 담기 위해 노력했습니다. 형식은 달라졌지만 오히려 예배의 본질과 정체성이 발견되는 소박하면서도 아름다운 예배를 드렸던 것으로 평가할 수 있습니다.

5. 예배의 전통과 기준은 왜 중요한가요?

기독교 예배의 역사는 신학의 역사이기도 합니다. 우리가
지금 '전통'이라고 여기는 초대교회의 예전들은 신앙 고백을
통해 형성되었습니다. 따라서 신학 형성에 예배가 지대한
공헌을 했다고 해도 과언이 아닙니다. 예를 들어 삼위일체
신학이 교회의 공식적인 입장이 되기 전, 창조주 하나님께
감사하고 예수 그리스도의 구원의 은혜를 기억하며 성령의
인도하심을 간구했던 기도는 이미 교회에서 광범위하게
실천하고 있었습니다. 주후 3세기 초에 로마 감독
히폴리투스(Hippolytus)가 편집하여 예전과 교회 생활 전반을
보여 주는 《사도전승》(Apostolic Tradition)은 그러한 역사적,
신학적, 예전적 발전을 분명하게 보여줍니다. 역사적으로
예배를 통해 신학과 신앙이 형성되고 발전되었다는 것입니다.

C. S. 루이스는 역사 연구가 중요한 이유를 "시대마다 기본이
되는 상식들이 달랐고, 일반 대중이 확신했던 많은 것들이
일시적인 유행이었다는 것을 상기시키기 위해, 오늘 현재에
대조되는 어떤 것이 필요하기 때문"이라고 말합니다. 덧붙여
그는 다양한 곳에 살아본 사람이 "고향의 폐쇄적인 관습"에
속박되지 않고, 경험이 풍부한 학자는 정보의 오류에 현혹되지
않는다고 덧붙입니다. 전통의 가치는 이렇듯 매우 높습니다.

초대교회의 예문(禮文)이 우리에게 잘 어울릴 것이라고 기대할
수는 있겠지만 그렇다고 우리의 예배를 위한 절대적 기준이 될
수는 없습니다. 교단에서 만든 예배 예식서도 마찬가지입니다.
그것은 편의상 기준을 제공한 것입니다. 실례를 들어
보겠습니다. 현재 한국 개신교회에 널리 보급되어 나름 성숙된
예전을 갖춘 추모예식의 기원은 '예배 예식서'가 아니었습니다.
정동제일감리교회에 출석하면서 당시 궁궐에서 일했던 이무영
성도가 1897년 어머니의 기일에 가족들과 함께 찬양하고
기도하고 말씀을 나눈 것을 기원으로 봅니다. 추모예식이
감리교 예식서에 들어간 것이 1938년이니 공식적인 예전으로
인정받기까지 약 40년이 걸린 셈입니다. 예전은 이렇듯 신앙의
고백의 집합체이고 변화무쌍한 환경에 적응해왔습니다. 새로운
예배를 만든다고 두려워하거나 지나치게 색안경을 끼고 볼
필요가 없다는 이야기입니다. 특정한 시대나 내용을 절대시
하거나 그 기준에 집착하지 않았으면 좋겠습니다. 역사적
전통을 중시했던 C. S. 루이스는 다음과 같이 그 한계에 대한
이야기도 전해줍니다.

> 우리의 임무는 영원한 것(어제나 오늘이나 내일이나 동일한 것)
> 을 우리 시대의 고유한 언어로 제시하는 일입니다. 엉터리
> 설교자는 정반대의 일을 합니다. 우리 시대의 사상을 기독교의
> 전통적 언어로 치장해서 내놓습니다…. 그러나 우리는 영원한
> 핵심을 현대의 옷을 입혀 가르쳐야 합니다.

C. S. 루이스의 표현에서 설교를 예배로 바꿔 읽어도 크게 무리가 없습니다. 과거의 예전적 표현들을 전통으로 여기고 지켜내는 것도 중요하지만 예배에 '현대의 옷'을 입히는 노력도 게을리하지 말아야 합니다. 오랫동안 계승되어 왔다는 이유로 아무런 비판이나 검토 없이 수용하는 것은 완고한 '전통주의'의 노예가 되는 것입니다. 고든 래스롭(Gordon Lathrop)이 말한 대로 전통의 계승에는 "책임 있는 변화"가 요구됩니다. 예문은 살아 있는 존재이고 시간과 공간의 변화에 따라 그 겉모습을 달리합니다. 예식서에 나오지 않는 예배를 드린다고 해서 올바르지 않은 예배를 드리는 것은 아니라는 뜻입니다. 전통을 소중히 여기고 선용하되 변화하는 상황에 어울리는 예배를 만들어가는 노력도 필요합니다.

6. 안식일과 주일은 다른가요?

안식일을 거룩하게 지키는 것은 십계명의 네 번째 계명으로,
대표적으로 구약의 출애굽기(20장)와 신명기(5:12-15)에
등장합니다. 안식일을 뜻하는 히브리어 샤바트(Shabbat)는
'중지하다', '멈추다'라는 뜻입니다. 안식일의 핵심적인 정신은
바로 쉼입니다. 주님께서 창조를 마치고 쉬셨듯이 모든
피조물이 안식일에 쉼을 갖습니다. 돈이나 권력을 가진 사람만
쉬는 것이 아닙니다. 안식은 남녀노소 누구에게나 차별 없이
주어지는 평등한 권리이며 심지어 짐승과 땅에까지 적용이
됩니다. 당시의 사회적 상황을 생각하면 그야말로 혁명적인
발상이 아닐 수 없습니다. 이전까지 쉰다는 것은 왕이나
귀족처럼 일부 계층에게만 허락된 특권이었기 때문입니다.

예수님께서는 안식일을 새로운 시각에서 해석하셨습니다.
예수님의 제자들이 밀 이삭을 뜯은 것과 예수님께서
병자를 고치신 사건을 가지고 바리새인들이 문제 삼을 때,
예수님께서는 안식일이 사람을 위해 있으며 인자가 안식일의
주인이라고 말씀하십니다(막 2:23-28, 참고 마 12:1-8, 눅 6:1-5).
안식일이 치유와 회복의 날임을 선포하신 것입니다.

당시 유대인들이 지켰던 안식일은 토요일입니다. 그러나
기독교인들은 안식일이 아닌 주일을 쉼과 회복을 위한 날로
지킵니다. 요일은 다르지만 그 아름답고 숭고한 정신이
계승되었습니다. 안식일이 기독교에서 주일인 일요일로

확정된 것은 안식 후 첫날 주님께서 부활하신 것을 기념하기
위함입니다(행 20:7; 고전 16:2). 초대교회 교인들은 주님의 날, 즉
주님이 부활하신 날 함께 모여 기도하고 떡을 나누었습니다.
금요일에 돌아가셨고 사흘째 되는 주일에 부활하셨기에
그날에 함께 만나 부활을 축하했던 것입니다. 주일을 작은
부활절이라고 부르는 것도 그런 까닭입니다.

6

주일이 일주일의 첫날이라는 의미도 기억해야겠습니다.
주일을 첫날로 삼은 것은 주님과 더불어 한 주간을 시작하고
동행하겠다는 다짐의 표현입니다. 세상의 어떤 것보다 주님을
먼저 생각하고 주님을 기준으로 살겠다는 일종의 선언이기도
합니다. 이렇게 기독교에서 부활의 의미를 중요하게 인식하고
일요일에 모여 예배드린다고 해서 안식일의 의미가 사라진
것은 아닙니다. 성경신학자 월터 브루그만(Walter Brueggemann)은
주일을 불안, 강요, 배타주의, 과중한 일에 저항하여 진정한
쉼을 통해 활력을 얻고 온전하게 회복하여 변화를 만들어내는
날이라고 말합니다. 엿새 동안 힘써 일하고 편안한 안식을
취하며, 인간성의 회복이 이루어지고 하나님의 자녀 된 권리와
존귀함을 고백하고 경험하는 시간입니다.

일부 유대교인들이 안식일에 그러했듯이 주일에 일체의
소비와 생산 활동을 하지 않은 경우도 있었습니다. 17세기
영국의 청교도들이 대표적인 예입니다. 그들의 순수한 신앙을

존중합니다만 더 중요한 것은 주일의 의미를 지켜내고
살리려는 마음가짐입니다.

우리가 지키는 주일은 안식일의 참된 의미와 정신을 계승하는
동시에 주님의 부활을 기념하는 날로 정해진 것입니다.
거룩하고 경건하게 지켜야 할 이유가 분명합니다. 새롭게
출발하는 날이기에 일주일의 첫날이 바로 주일입니다.
우선순위를 주님께 두겠다는 일종의 선언인 셈입니다. 어둠을
이기는 빛의 이미지가 상징적으로 일요일에 담겨 있어
예수님의 부활 사건과도 자연스럽게 연결됨을 기억하십시오.

7. 주일에 한자리에 모여 예배하는 이유는 무엇인가요?

대다수 기독교인들은 주일에 일정한 시간을 정하여 같은 장소에서 예배드립니다. 제가 좋아하는 표현 중에 "주일예배는 시간의 성소(聖所)"라는 이야기가 있습니다. 모든 일상이 주님과 함께하는 시간이지만 특별한 시간을 정하여 구별하여 거룩함을 맛본다는 의미입니다. 교회에서 공동체 예배를 드리는 것은 매우 의미 있고 중요한 일입니다. 개인 경건 행위는 하나님과의 수직적이고 친밀한 관계 형성을 위해 바람직하지만 공적인 예배를 온전히 대신하기는 어렵습니다.

예전(liturgy)이라는 단어 자체가 공적인 행위를 염두에 둔 것이며 예배가 공동체적인 행위라는 것은 여러 가지 예배 요소를 통해 분명하게 드러납니다. 세례식에서도 회중에게 묻는 순서가 있고, 성찬식의 빵과 포도주는 같은 음식을 먹는 식구임을 알려줍니다. 설교 또한 회중을 전제로 합니다. 예배 순서에서 무엇 하나 공동체적이지 않은 것이 없습니다. 혼자 경건 생활을 유지하기보다 예배를 통해 자신을 돌아보고 예배 공동체에서 서로 격려하며 믿음의 여정을 건강하게 걸어갈 수 있습니다.

공적인 예배가 제공하는 유익은 실로 크고 놀랍습니다. 주일예배는 일정한 형식과 틀로 도움을 줍니다. 형식의 틀은 생각보다 견고하게 영성을 지켜줍니다. 정해진 순서와 형식에 따라 기도문을 읽고 찬송을 부르고 설교를 듣는 것은 일상의 수준을 뛰어넘는 영적 언어에 자신을 노출하는 일입니다.
기도문과 시편, 송영과 감사의 언어들은 우리가 영적 존재임을
확인시켜 주는 도구입니다. 평소의 대화 수준을 넘어서는
표현을 통해 자신과는 다른 종류의, 혹은 다른 수준의 사고를
경험하는 것으로 우리의 영적 감수성이 더욱 풍성해지고
사고와 신앙의 범위를 확장시킬 수 있습니다. 캐나다의
신학자 제임스 스미스(James K. A. Smith)는 인터넷과 디지털
환경의 문제를 지적하며, 예배가 일종의 "자의식 게임"에 빠져
있는 우리 자신을 하나님과 공동체와의 관계 속으로 부르는
것이라고 주장합니다.

7

예배는 헤아릴 수 없을 만큼 넓고 깊은 혜택을 기독교인들에게
제공합니다. 교회는 기독교인으로 어떻게 살아야 하는지
배우고 익히는 장소이며 그 중심에 예배가 자리 잡고 있습니다.
이미 말씀드렸듯이 우리는 예배를 통해 우리가 누구인지를
발견하고 어떻게 살아야 하는지를 배우고 결심하게 되니까요.
예배는 이렇듯 거룩한 습관이 형성되는 시간이며, 우리가
누구이며 어떻게 살아야 하는지를 알려주는 소중한 성찰의
기회입니다. 생각만으로 우리의 삶이 변화되지 않습니다.
제임스 스미스는 영성형성의 습관화를 통해, 구체적으로
"세례, 성만찬, 기도, 노래, 춤"과 같이 실제 참여를 통해
기독교인들이 그리스도의 제자가 된다고 설명합니다. 예배는
결코 경시되어서는 안 되는 기독교의 소중한 자산입니다.

생텍쥐페리의 《어린 왕자》에는 왕자가 오후 4시에 온다면
3시부터 마음이 들뜰 거라며 여우가 자신을 길들여달라는
이야기가 나옵니다. 이 표현에는 서로에게 길들여지며
경험하는 설렘과 기대가 담겨 있습니다. 소중한 존재,
사랑하는 존재, 책임지는 존재가 되는 아름다운 사귐을 위한
길들임이 우리의 삶에도 필요합니다. 예배란 그런 거룩한
길들임의 시간과 공간, 그리고 복된 여정이 아닐까요? 여우의
설명처럼, 우리 모두는 "어떤 날을 다른 날과 다르게, 어떤
시간을 다른 시간과 다르게 만드는" 의례의 도움이 필요합니다.
예배에서 만나는 주님의 영광과 구원의 환희, 그 은총의
향연에 젖어들고 길들여지기를 갈망합니다. 그분이 준비한
샘물을 받아 마시고 우리의 눈이 맑아져서 우리가 얼마나
소중한 존재인지 발견하고 책임지는 존재로 살아갈 힘을 얻기
바랍니다. 그리하여 마침내 사막같이 척박한 세상을 아름답게
만들어가는 우리가 되기를 두 손 모아 소망합니다.

8. 하나님이 받지 않으시는 예배도 있나요?

지금까지 예배의 의미와 내용에 대한 이야기를 나누었기에
어떤 예배가 하나님이 받으시는 예배이고 바람직한 예배인지
어렵지 않게 짐작할 수 있을 것입니다. 타산지석(他山之石)이
될 만한 초대교회의 좋은 사례도 살펴보았습니다. 이제
반면교사(反面敎師)로 여길 만한 '하나님이 받지 않으시는
예배'를 사례를 통해 알아보겠습니다. 물론 사랑과 은혜의
하나님이 우리의 예배를 받지 않으실 리 만무합니다. 그런데
유감스럽게도 하나님이 받지 않으시는 예배가 성서에
나타나고 있습니다.

우선 창세기 4장에 나오는 가인과 아벨의 제사를 통해
하나님이 받지 않으시는 예배를 분명하게 발견할 수 있습니다.
A. W. 토저 목사는 《하나님이 받지 않으시는 경배》에서
가인에게서 배우는 교훈을 정리하였습니다. 가인은 하나님이
어떤 분인지 제대로 알지 못하였고 그분과 참된 관계를 갖지
못한 상태에서, 자신의 죄악의 심각성을 모른 채 예배의 자리로
나왔습니다. 그가 드린 제사가 부적절했기에 성경은 그와 그의
제물을 받지 않으셨다고 기록합니다. 여기서 주목할 부분은
바로 제물만이 아니고 가인을 받지 않으셨다는 표현입니다.
다시 말해서 하나님에 대한 경외와 그분과의 관계가 상실된
예배는 하나님이 받지 않으셨음을 알려줍니다.

사무엘상 15장에는 사울 왕이 아말렉 족속과의 전쟁에서

승리한 후 모든 것을 없애라는 하나님의 명령을 따르지
않고 상태가 좋은 양과 소를 남겨둔 이야기가 나옵니다.
언뜻 예배(제사)를 위해 미리 준비한 것처럼 보이고 칭찬받을
일처럼 느껴지지만, 사무엘은 "순종이 제사보다 낫고 듣는
것이 숫양의 기름보다 낫다"는 경고를 합니다. 내 방식이
아니라 하나님의 말씀에 따르는 것이 더 중요하다는 사실을
깨우쳐줍니다.

미가 선지자도 예배 행위와 성도의 생활 사이의 불일치를
안타까운 시선으로 바라보며 하나님께서 받지 않으시는
예배와 받으시는 예배를 소개합니다. 미가 선지자는 일 년
된 송아지를 번제물로 바치고 천천의 숫양과 만만의 강물
같은 기름, 심지어 맏아들이나 자신의 몸의 열매를 드린다면
주님께서 기뻐하시리라는 기대가 '착각'이라고 단호하게
말합니다. 그는 미가서 6장 8절에서 참된 예배를 다음과 같이
알려 줍니다.

> 사람아 주께서 선한 것이 무엇임을 네게 보이셨나니
> 여호와께서 네게 구하시는 것이 오직 공의를 행하며 인자를
> 사랑하며 겸손히 네 하나님과 함께 행하는 것이 아니냐

문장이 의문형인 것은 당연히 알아야 하고 또 이미 아는

것이기에 구태여 강조할 필요조차 없다는 의미로 받아들여야
합니다. 미가 선지자에 따르면 주님께서는 진실하게 정의롭게
살면서 사람들에게 겸손하고 자비롭게 행동하기를 원하십니다.
예수님께서는 예물을 드리기 전에 형제와 먼저 화목하라고
말씀하셨습니다(마 5:23-24) 구체적인 예배 행위 이전에 하나님을
사랑하는 마음으로 형제자매와 이웃을 사랑하라는 뜻입니다.

성서에 나오는 이야기들을 종합하면 성서는 형식만 남고
마음과 행동이 사라진 예배를 엄중히 경고합니다. 하나님은
경외와 겸손이 없는 예배를 원치 않으십니다. 팀 켈러 목사의
표현을 빌리면, 주님은 우리가 욕심으로 만들어낸 신들을
경배하는 행위를 용납하지 않으십니다. 우리의 이기적인
소원의 성취가 목적이 되는 예배를 받지 않으십니다.
하나님과의 온전한 관계 속에서 그분의 은혜를 누리고, 그분의
뜻을 따라 순종하며 사랑을 실천하는 예배자를 찾으십니다.
하나님이 받지 않으시는 예배가 있다는 사실이 부담을 주지만
그래도 우리에게 소망이 있습니다. 성령의 도우심을 간구하며
하나님과의 온전한 사귐을 통해 예배하는 삶을 살아가기 위해
오늘도 분투해야겠습니다.

형태와 요소

9. 왜 교회마다 예배 순서와 형식이
다른가요?

예배의 본질적 요소와 행위들은 교회마다 유사합니다. 성경,
세례, 성찬, 중보기도, 그리고 종말적 모임(교제) 등을 예로
들 수 있겠습니다. 이러한 보편적 요소들은 다양한 실천
방식을 갖습니다. 예를 들면 세례가 본질적 요소이기는 하나
세례의 장소와 물의 양에는 다양성이 보장되며, 성찬에
대해서도 다양한 신학적 이해와 집례 방식이 존재합니다.
아래의 표는 제임스 화이트의 저서 《기독교 예배학 개론》에
나오는 개신교회의 예배 전통입니다.

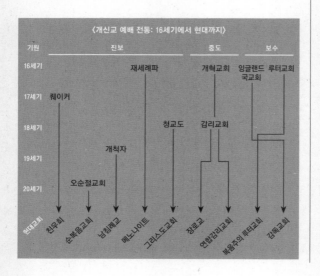

〈개신교 예배 전통: 16세기에서 현대까지〉

기원	진보					중도		보수	
16세기			재세례파			개혁교회		잉글랜드 국교회	루터교회
17세기	퀘이커								
18세기					청교도	감리교회			
19세기			개척자						
20세기		오순절교회							
현대교회	친우회	순복음교회	남침례교	메노나이트	그리스도교회	장로교	연합감리교회	복음주의 루터교회	감독교회

모든 교단이 포함되지는 않았지만 16세기부터 현대에
이르기까지 개신교회들이 각자의 예전적인 특징을 형성하며
발전해왔음을 한눈에 볼 수 있습니다. 교단에 따라 혹은
교회별로 다양한 순서와 형식이 있습니다. 예전적인
교회에서는 정교하게 다듬어진 기도문들과 교독문과
성가들을 사용합니다. 잘 아는 대로 개혁교회에서는 설교가
가장 중요한 예배의 요소이기 때문에 예배에서 하나님
말씀을 선포하는 시간이 가장 큰 비중을 차지합니다. 반면
오순절 계통 교회들은 비형식적이고 예배의 자유로움을
강조합니다. 예배 순서가 비교적 간결하며 문어체보다
구어체적인 언어를 지향하고 간증이나 통성기도와 같은
순서도 있습니다. 개신교회 가운데 가장 비형식적인 예배를
드리는 공동체로는 친우회(Society of Friends, 퀘이커)가 있습니다.
그들의 예배에서는 자유로움 가운데 임하시는 성령의 역사가
강조됩니다. 조직도 없고 예배서도 없으며 일정한 순서나
주보도 없습니다.

제임스 화이트는 기독교 예배의 형태가 매우 다양하다는
사실을 풀잎 모양에 비교한 적이 있습니다. 한 뿌리와 한
줄기에서 나온 풀잎이라도 똑같은 크기와 모양이 아니듯이
예배의 다양성은 하나님의 축복이라는 것입니다. 화이트는
미국 개신교회의 예배 전통 안에 다섯 가지 영성이 있다고
말합니다. 그것은 "예전적 영성"(a sacramental spirituality), "말씀

중심의 영성"(a Word-centered spirituality), "성령 중심의 영성"(a Spirit-centered spirituality), "공동체 중심의 영성"(a community-centered spirituality), 그리고 새롭게 부각되는 "음악적 영성"(a musical spirituality)입니다. 각기 독특한 영성을 소유한 다양한 공동체들이 나름의 예배를 만들어 왔다는 의미입니다.

이러한 예배의 다양성을 두고 옳고 그름을 논하기보다는 서로에게 배우는 자료로 여기는 것이 바람직합니다. 예를 들어 우리는 정돈된 예전을 통해서 진지함과 형식의 힘을 느낄 수 있습니다. 구도자 예배(열린 예배)를 통해 문화와의 소통과 미디어의 적극적 활용도 경험할 수 있습니다. 오순절 계통 교회들의 뜨거운 찬양과 기도를 통해 성령의 역동적인 역사를 볼 수 있습니다. 많은 요소들이 서로 혼합된 예배도 가능합니다. 다양한 예배를 통해 다채로운 방식으로 하나님의 은총에 응답하는 모습을 기쁜 마음으로 바라보고 겸손하게 배우기를 소망합니다. 은혜의 통로들을 발견하고 풍성하게 공유하게 될 것이라고 확신합니다.

10. 우리나라 예배는 다른 나라와 다른가요?

한국 교회의 예배에 대한 열정과 헌신은 전 세계적으로
유례가 없지 않을까 싶습니다. 주일예배로 국한시켜도 예배에
참석하는 이의 숫자는 아마 타의 추종을 불허할 것입니다.
한국 교회의 예배는 다음과 같은 특징이 있습니다.

우선 미국의 개척자 예배(frontier worship, 미국 개척기의 대중집회에서
이루어진 간소화된 예배)의 영향을 깊이 받아 대부분의 형식과
내용이 비(非)예전적입니다. 현재 한국 교회에서 발견할 수
있는, 흔히 전통적이라고 부르는 예배는 선교사들이 전해준
개척자 예배와 유사합니다. 대각성운동의 영향을 받은
19세기 미국 개신교회 예배의 형식과 순서를 비교해보면 크게
다르지 않습니다. 또 한 가지, 20세기 열린 예배 혹은 구도자
예배(기독교에 익숙하지 않은 이들을 위해 환대를 강조하고 미디어를 활용하는 등
현대적인 방식으로 드리는 예배)라고 부르는 비예전적인 예배의 영향도
무시할 수 없습니다. 바로 이 두 가지 형식이 한국 개신교회
예배의 주류라고 해도 크게 무리가 없습니다.

오랜 기간 한국에서 가르쳤던 박대인 교수(미국명 Edward W.
Poitras)는 미국의 개신교 예배가 한국 교회에 거의 고스란히
유지되어 외국인들도 큰 불편 없이 예배드릴 수 있다고
소개하면서, 한국 교회의 특징은 다른 곳에서 찾기 힘든
열정이라고 표현한 바 있습니다. 흔히 한국인에게 정(情)과 흥이
많다고 하는데 이는 예배와 신앙생활에서 잘 드러납니다.

더불어 한국 교회 예배에서 가장 강조하는 것은 설교라고
생각합니다. 설교 시간이 곧 예배 시간이라고 생각하는
사람들도 적지 않습니다. 하나님의 말씀을 선포하는 설교
시간을 중요하게 여기는 것은 아름다운 전통입니다.

한국 교회가 자랑스러운 유산으로 여기는 1907년의
평양대부흥의 영향도 큽니다. 전적으로 타락한 인간이 스스로
자신의 의를 이루지 못한다는 엄연한 사실에 대한 자각이
개혁교회의 아름다운 신학적 전통을 형성했고 한국 교회가
그 유산을 이었다고 할 수 있습니다. 영적인 자각으로 향하는
길은 다양하나 한국 개신교회에 익숙한 방식은 역시 '통렬한'
회심입니다. 가슴을 치는 회개는 1907년 평양대부흥을
위시하여 교회의 자랑이요 돌아갈 본향이며 예배의
목표이기도 했습니다.

강한 공동체성도 한국 교회의 특징으로 들 수 있습니다.
함께 모이기에 힘쓰는 것은 물론이고 설교에 대한 응답도
개별적이 아닌 전체가 한 목소리로 반응합니다. 공동체성은
예배 후 친교 시간에서도 드러납니다. 제가 목회했던 미국 이민
교회에서도 함께 식사하는 시간이 공동체성의 확인과 고양을
위해 매우 중요했습니다.

음악에 대한 관심과 애정도 특징입니다. 우리나라 성가대와

성도님들의 음악 수준은 상당히 높습니다. 열정적인 찬양이 널리 보급된 것도 성도들의 높은 음악적 수준과 분명히 상관이 있을 것입니다.

한국 교회의 장점들은 동전의 양면처럼 보완해야 할 부분을 알려주기도 합니다. 예배의 목표가 '회심'이라는 목표에만 국한된다면, 하나님과의 인격적인 만남과 그에 대한 전인적 반응, 윤리적 결단과 일상으로 이어지는 예배자의 삶이라는 예배의 궁극적 의미가 희석될 수도 있습니다. 설교만 강조하다 보면 예배의 다른 요소들이 무시될 수 있습니다. 다양한 예배 경험이 부족하다 보니 새로운 것들을 적용하기 쉽지 않은 것도 사실입니다. 성공회나 루터교회 등 몇몇 교단을 제외하고는 대부분의 교회들이 생긴 모습도 비슷하고 예배형식도 유사합니다. 그러나 최근 들어 예배가 다양화되고 다른 전통에 대한 이해도 나날이 넓어지고 있습니다.

한국적인 예배에 대한 시도가 꾸준히 이루어지는 것도 주목할 만합니다. 흔히 토착화를 일컬어 복음과 문화의 성숙하고 지속적인 대화의 과정이라고 정의합니다. 즉 복음과 문화가 상호 존중하는 자세로 열심히 대화하고 그 대화를 통해 끊임없이 새로운 예전을 창조해 나가야 한다는 것입니다. 예를 들어 우리말의 아름다움이 살아 있는 찬송이나 전통 가락을 활용한 찬양을 만들고 부르는 일들이 늘어나는 것은 매우 고무적입니다.

다른 나라에도 유사한 사례가 있지만, 우리나라의 고유한 역사적 경험을 토대로 한 절기도 한국 교회 예배의 특징으로 여길 수 있습니다. 예를 들어 많은 교회들이 삼일절을 교회의 역사적 책임에 대한 기억의 시간으로, 광복절을 이스라엘 민족의 유월절같이 민족 해방에 대한 감사의 절기로 기념하고 있습니다. 한가위와 같은 한국 고유의 명절이 감사의 절기로 활용되기도 합니다. 이렇듯 삼위일체 하나님을 영과 진리로

예배하는 본질적인 원칙을 지키면서 문화를 복음적인
시각으로 포용한다면 예배와 문화는 사이좋게 어깨동무하고
더욱 풍성한 대화를 이어나갈 수 있을 것입니다. 복음이
살아 있다는 전제하에 예배의 형태는 얼마든지 변할 수 있기
때문입니다. 한국 교회의 자랑스러운 유산을 바탕으로 더 넓은
대화와 다양한 방식으로 긍정적 발전이 있으리라 기대합니다.

11. 참회의 시간은 꼭 필요하나요?

예배에서 죄의 고백과 사죄 선언 순서가 늘어나고 있습니다.
회개는 역사적으로 예배에서 항상 중요한 부분으로 여겨져
왔습니다. 회개의 필요성을 이해하려면 인간의 죄악됨과 죄를
짓는 경향, 혹은 연약함에 대한 고찰이 필요합니다. 성서는
여러 사람들의 삶과 입을 통해 인간의 한계를 매우 솔직하고
적나라하게 묘사하고 있습니다. 바울 사도는 자신을 일컬어
"죄인 중의 괴수"(딤전 1:15)라고 하면서 자신의 한계를 담대하게
고백합니다. 그는 이 세상 어느 누구도 죄의 문제를 해결할 수
없으며 하나님 앞에서, 그리고 율법을 잣대로 볼 때 아무도
완벽할 수 없음을 분명히 알았습니다(롬 5:7).

자신의 한계를 아는 것, 즉 십자가 사랑이 없으면 구원이
없다는 사실 인정은 기독교 인간관과 구원관의 핵심입니다.
겸손하게 자기 존재의 부족함을 인정하고 구원의 주님께
의지하는 것, 그것이야말로 예배자가 가져야 할 가장 기본적인
자세입니다. 주기철 목사는 "재에 앉아 가슴을 치는 통회가
심각하지 못함"을 안타까워하며 주님의 얼굴 빛 아래 자신의
추악한 모습을 고스란히 드러내 달라고 기도하곤 했습니다.
주님을 위해 자신의 목숨을 지푸라기처럼 여긴 이의 참회
기도는 이토록 절절하고 진지합니다. 참회는 죄악으로 가득한
우리의 실체가 낱낱이 드러나는 시간인 동시에 용서를 통한
진정한 회복이 이루어지는 과정이기 때문입니다. 참혹한
죄악과 하나님의 긍휼 사이에 놓인, 유일한 소망의 다리이자

기쁨이 넘치는 새로운 삶으로 나아가게 하는(행 3:19) 출발점이
바로 '참회'입니다.

회개는 절대자 하나님 앞에서 느끼는 경외와도 연관됩니다.
하나님 앞에서 피조물인 인간이 느끼는 두려움은 심판자
앞에서 사소한 것 하나도 숨길 수 없는 인간의 부조리와
실존 인식 때문입니다. 연약한 피조물로서 오직 하나님을
경외함으로 섬겨야 함을 아는 사람은(마 10:28) 하나님 앞에 늘
겸손히 무릎 꿇고 그분의 긍휼에 의지해 도움을 구합니다.
참된 예배자들은 참회의 시간을 소중하게 여기며, 하나님
앞에서 두렵고 떨리는 마음으로 자신을 찬찬히 돌아봅니다.
주님의 거룩하심 앞에서 자신의 부정함을 인식하고, 끊임없이
뿜어낸 악취와 추악한 오만의 결과를 부끄럽게 여겨 마침내
그 모든 것을 주님 앞에 내려놓을 수밖에 없습니다. 자신의
힘으로는 도무지 해결할 방법을 찾을 수 없는 연약함과
무능함을 인정하고 주님의 도우심에 의지해 간절하게 용서를
구할 때, 비로소 은혜 안에서 하나님과의 관계가 회복되기
시작합니다.

종교개혁자 마르틴 루터의 95개조 반박문은 다음과 같이
시작됩니다.

우리 주님이자 선생님이신 예수 그리스도께서
"회개하라"(마 4:17)고 하셨을 때, 그분께서는 믿는 사람들이
삶 전체가 회개가 되기를 바라셨다.

종교개혁자 칼뱅은 예배 때 참회 기도를 제일 첫 순서에
두어 모든 회중이 참회를 하게 하면서, 참된 예배가
겸손하고도 철저한 회개로부터 시작됨을 가르쳤습니다.
최근의 미 장로교회(PCUSA)와 연합감리교회(UMC) 예배서에는
그리스도 안에서 하나님께 죄를 고백하고 화해하는 순서를
가진 후 교우들과 평화의 인사를 나누는 순서가 예배의 중요한
자리를 차지하고 있습니다. 예를 들면 미 장로교회 예배문에는
다음과 같이 고백하는 기도가 있습니다.

자비로우신 주님, 우리의 생각과 말과 행동으로, 또 하지
말아야 할 일을 한 것과 할 일을 하지 않음으로 주님께
죄를 지었음을 고백합니다. 우리가 온 마음과 힘을 다해
주님을 사랑하지 않았고 우리 이웃을 내 몸과 같이 사랑하지
않았습니다….

참회는 단순히 죄를 나열하는 형식적인 순서나 죄의식에
사로잡히게 만드는 부담스러운 순서가 결코 아닙니다. 죄를
정당화하기 위한 수단도 아닙니다. 참회는 자신의 부족함과
죄악 됨을 인정하고 새로운 삶을 결심하는 과정까지를
포괄하는 의미 있는 순서입니다. 물론 회개의 순서가 반드시
있어야 하는 것은 아닙니다. 중요한 것은 우리의 마음입니다.
주님의 은혜로운 음성에 귀 기울이며 우리를 가다듬는 진실한
참회의 자리로 여기며 예배로 나아가야 합니다. 그때에 비로소
주님과의 아름답고 복된 동행 여정이 시작될 것입니다.

12. 예배 순서에 사도신경이
꼭 있어야 하나요?

사도신경(使徒信經, the Apostles' Creed, Symbolum Apostolicum)은
성경을 기초로 오랜 세월을 거쳐 수정 보완하며 만들어진 교회
역사의 산물입니다. 주후 2세기 말경 로마 교회에서 사용한
구 로마신경(The Old Roman Creed)이 세례 교육에 사용되었고
주후 390년에 이르러 사도신경으로 불린 것으로 알려져
있습니다. 오늘날에 사용하는 신경은 주후 725년에 이르러
완성되었습니다. 많은 교회에서 예배드릴 때 공동의 고백으로
사용해왔고 특히 세례 교육을 위해 널리 사용되었습니다.

사도들이 직접 만든 것은 아니지만 수많은 교회들이 그 권위를
인정하고 21세기에 이른 지금까지 여전히 널리 사용되는
이유는 삼위일체 하나님에 대한 고백과 기독교 신학의 정수가
사도신경에 오롯이 담겨 있기 때문입니다. 하나님의 전능하심,
창조, 독생자 예수의 탄생, 고난, 부활, 성령, 공교회, 성도의
교제, 죄 사함, 영생 등 중요한 내용들이 일목요연하게 빼곡히
담겨 있습니다.

사도신경은 여러 가지 면에서 유익하고 의미가 있습니다.
송인규 교수는 바른 신앙의 고양을 위해, 보편적 교회의
일원으로서의 정체성을 확인하기 위해, 그러한 신앙을 세상에
선포하기 위해 사도신경이 필요하다고 이야기합니다. 실제로
사도신경은 역사적, 신학적으로 교회에 유의미한 공헌을
했습니다. 모범적인 신앙고백으로 자리 잡아 성도들의 신앙을

점검하는 기준이 되었습니다. 사도신경은 자기중심적 감정에 중독되었던 우리 마음이 질서를 되찾을 수 있게 도와주고 신앙공동체의 정체성을 확인시켜 줍니다. 김진혁 교수는 사도신경을 통해 세상과 구별되는 하나님의 백성들이 교회의 일원이 되고, 하나님께 대한 믿음을 가지게 되며, '교회로부터' 세상을 향해 나아갈 수 있는 용기를 얻게 된다고 설명합니다. 이러한 까닭에 사도신경은 체계적인 신앙의 교육에 유용하게 사용되었고 이단의 공격에서 교회와 성도를 보호해주는 중요한 역할도 담당했습니다.

사도신경은 완전한 것도, 절대적인 권위를 가진 것도 아닙니다. 그래서 형식적인 단순 암기와 단순 반복이 무슨 의미가 있느냐는 의견도 있습니다. 그러나 신실하게 고백적으로 읽거나 암송한다면 형식주의의 위험에서 벗어날 수 있을 것입니다. 물론 사도신경이 반드시 예배에 들어가야 하는 것이 아니기에 유연하게 적용할 수 있고 교회에 따라 다른 신경을 선택할 수도 있습니다. 예를 들어 니케아-콘스탄티노플 신경을 예배 중에 사용할 수도 있고, 감리교처럼 사회신경을 읽는 경우도 있습니다.

사도신경의 라틴어 원문 첫 단어 'Credo'는 사도신경을 뜻하는 용어로 널리 사용됩니다. 1인칭 단수를 사용하여 우리 모두 각각 독립된 인격체요 신앙인으로서 공동체의 일원이 된다는 사실을 알려줍니다. 이 고백문을 믿음의 선조들이 어떤 마음으로 새기고 살아냈는지 상상해보시기 바랍니다. 얼마나 많은 이들이 이 신앙의 신비에 몸과 마음을 담았으며, 이 고백으로 인해 고난과 죽음과 영광을 맛보았는지! 사도신경은 세상의 가치를 따르지 않겠다는 일종의 단호한 선언이며 하나님을 믿고 따르는 새로운 질서에 참여한다는 결단의 표현입니다. 이러한 신앙의 전통이 공동의 고백을 통해 계승되며 우리도 동일한 고백을 통해 그 유구한 역사와 신앙의 물줄기에 몸을 담그는 것입니다.

신경은 선택사항이기에 교회 예배에 포함시킬 수도 있고 그렇지 않을 수도 있습니다만 보편적 교회가 함께 고백하는 기도문으로 가장 무난하기에 가급적 예배에서 함께 고백하기를 권고합니다. 진지한 고백과 성찰을 통해 믿음의 순례에 기꺼이 참여하고 모든 하나님의 백성들과 더불어 깊고 오묘한 신앙의 신비를 경험할 수 있기를 바랍니다.

13. 교독문의 역할은 무엇인가요?

교독 혹은 교송의 전통은 기독교 예배에서 가장 오래된 요소 중 하나입니다. 구약의 시편은 인도자와 회중이 한 구절씩 번갈아 노래했을 것으로 추정됩니다. 시편은 히브리어 운율로 이루어져 있는, 정교하게 만들어진 교송입니다. 이러한 전통은 초대교회에 자연스럽게 계승되었습니다. 에베소서 5장 19절, "시와 찬미와 신령한 노래들로 서로 화답하라"에서 시는 바로 구약의 시편을 의미합니다. 시편은 교송의 형태로 교회와 수도원에서 광범위하게 사용되었습니다. 수도원에서는 수도사들이 둘로 나뉘어 서로 주고받으며 부르거나, 회중이 있을 경우 수도사들과 회중이 번갈아가며 노래하기도 합니다. 종교개혁자 칼뱅은 시편을 노래로 만든 것으로 유명합니다. 〈제네바 시편가〉(Genevan Psalter)가 바로 그것인데 장식과 꾸밈을 최소화하고 2분 음표와 4분 음표만을 사용하여 따라 부르기 쉽게 만들었습니다. 음악보다 하나님의 말씀에 오롯이 집중하려는 의도가 있었습니다.

우리나라에서는 1949년 〈합동 찬송가〉에 교독문이 처음으로 실렸고, 현재 사용하고 있는 〈새 찬송가〉(2006)에는 모두 137개의 교독문이 담겼습니다. 시편만이 아니라 교회의 특별행사와 절기를 고려하여 성경 여러 곳에서 적절한 구절들을 발췌하여 수록하였습니다. 예를 들어 삼일절, 광복절 등 기념일을 위한 교독문이 있고 사순절, 부활절, 대림절, 성탄절과 같이 교회의 주요 절기에 어울리도록 만든 교독문도 있습니다.

교독문은 다음과 같은 기능과 목적이 있습니다. 첫째,
교독문을 읽는 것은 예배의 가장 오래된 전통적인 요소이며
소중한 유산인 시편을 예배에서 낭송의 형태로 사용하는
예입니다. 둘째, 예배에서 설교 본문 외에 다른 구절을
읽을 시간이 없을 때 다양한 본문을 경청하며 읽는 기회가
됩니다. 셋째, 성서가 하나님께서 교회 공동체에 주신 것임을
기억하고, 예배를 통해 함께 읽음으로 교회 공동체가 함께
하나님의 말씀을 받는다는 의미가 있습니다. 넷째, 한국
교회에서 사용하는 교독문의 경우 특별행사와 절기를 위해
유용하게 사용됩니다.

13a

시편은 원래 운율이 있는 노래였습니다만 번역의 한계로
인하여 노래하기에 어렵거나 어색할 수 있습니다. 라틴어로
드리는 미사에서는 시편을 교송으로 부르는 데 어려움이
없었지만, 종교개혁 이후 모국어로 예배를 드리게 되면서
노래에 어울리는 번역의 어려움으로 노래 대신 번갈아가며
읽는 사례가 늘어났습니다. 시편을 교독이 아닌 노래로

만들어서 부르고 싶다면 가사를 곡조에 맞게 수정하여
사용하는 방법도 있습니다. 현대적인 예배를 위해 쉬운 번역을
사용하여 마치 대화하듯이 교독할 수도 있습니다. 나아가
예배의 성격과 내용을 고려하여 적절한 교독문을 성경에서
찾아 읽거나 여러 구절들을 모아 새롭게 만들어 읽을 수도
있습니다.

13b

하나님의 백성들이 예배의 자리에 와서 그분의 말씀을 읽거나
노래하는 것은 참으로 복되고 의미 있는 일입니다. 예배 시간에
교독문을 읽거나 노래하는 것은 하나님의 말씀이 선포되고
나누어지는 복된 시간입니다.

14. 예배가 축도로 끝나는 이유는 무엇인가요?

축도(Benediction)는 라틴어 베네(Bene, 축복, 유익하다, 좋다)와 데케레(decere, 말하다)가 합쳐진 단어로, '축복하다', '복을 빌다', '복을 선포하다'라는 뜻을 가지고 있습니다. 예배의 맨 마지막에 통상 안수받은 목회자가 하나님의 복을 선포하는 기도입니다. 한문으로 축도는 축복기도(祝福祈禱, 축복하는 기도)의 줄임말이라고도 합니다. '축'과 '기' 모두 빈다는 뜻이기에 '축복' 혹은 '강복의 선언'이라고 해야 맞다는 의견도 있습니다.

축도는 다음 두 가지가 대표적으로 사용됩니다. 가장 보편적으로 사용되는 바울 사도의 축도문은 이러합니다. "주 예수 그리스도의 은혜와 하나님의 사랑과 성령의 교통하심이 너희 무리와 함께 있을지어다"(고후 13:13). 아론의 축복으로 알려진 민수기의 기도문은 다음과 같습니다. "여호와는 네게 복을 주시고 너를 지키시기를 원하며, 여호와는 그의 얼굴을 네게 비추사 은혜 베푸시기를 원하며, 여호와는 그 얼굴을 네게로 향하여 드사 평강 주시기를 원하노라"(민 6:24-26).

축도를 온전하게 이해하기 위해서는 축복에 대한 올바른 접근이 필수적입니다. 대단히 현세적이고 기능적으로 축복을 이해하면 하나님을 우리의 개인적인 욕망을 충족시키는 대상으로 여기고 복을 빌게 됩니다. 물론 물질적인 축복을 기독교 신앙에서 배제할 수는 없지만, 축도의 본질적인 의미와 목적은 바로 하나님과 하나님의 백성 사이에 이루어지는 신비로운 연합이라는 사실을 잊어서는 안 될 것입니다. 산상수훈이 이러한 축복을 잘 보여줍니다. 산상수훈은 하나님의 뜻에 입각하여 사는 이가 누리는 복된 삶에 대한 이야기입니다.

그렇다면 전문사역자, 즉 목회자들이 축도를 전적으로 맡는 것은 어떤 이유일까요? 우선 목회자가 거룩한 직분을 받았고 특별한 역할을 감당한다고 생각하기 때문입니다. 이 경우 유익도 분명히 있습니다. 구별된 권리를 신실하게 수행하는 모습이 보기에도 좋고 은혜를 느끼게 합니다. 그렇다고 해서 이 '권리'가 안수받은 목회자에게만 주어진 특권이기에 신성불가침의 영역이라고 주장할 수는 없습니다. 목회자는 교우들을 대표하여 은사를 발휘하는 것이지 결코 지위나 신분이 달라서 축도를 하는 것은 아니기 때문입니다. 교회 공동체에 따라 목회자와 평신도를 엄격하게 구별하기도 하고, 둘 사이에 차이가 없다고 여기기도 하며 심지어 목회자를 직제에 포함하지 않는 경우도 있습니다. 따라서 축도는 각 교회의 법과 전통에 따라 목회자가 맡기도 하고 그렇지 않기도 합니다.

저는 축도를 예배라는 틀 속에서 이해하는 것이 적절하다고 생각합니다. 축도가 놓인 자리는 예배의 사중 구조에서 파송(Sending Forth)에 해당됩니다. 하나님의 백성들이 모여서 하나님의 말씀을 듣고 감사와 영광을 돌린 후, 세상으로 향하며 하나님의 백성으로서 소명을 확인하는 시간입니다. 루스 덕에 의하면 바로 그 시간에 성도들은 하나님의 사랑과 은혜와 구원의 능력을 확신합니다. 삼위일체 하나님과의 깊은 사귐 가운데 그분과 더불어 살아가는 복을 받은 백성이 할 일은 분명합니다. 하나님과의 인격적인 관계를 매 순간 잊지 않고, 그분의 은총의 빛을 마음에 담고 세상에 나가 비추는 것입니다. 삼위일체 하나님의 축복이 우리를 통해 전달되도록 통로가 되는 절정의 순간입니다. 따라서 축도는 예배를 통해 받은 은혜를 확인하고 일상에서 주님과 더불어 살겠노라고 결연하게 다짐하는 감격스럽고도 비장한 시간입니다. 두렵고 떨리는 마음으로 받아야 하고, 한편으로는 나 같은 죄인도 그분의 은총 가운데 사용하실 것을 믿고 기쁨과 소망, 그리고 벅찬 기대로 동참해야 하는 순서입니다.

15. 대표 기도는 어떻게 해야 할까요?

목회자가 아닌 성도들이 하는 대표 기도는 주로 비예전적
교회에서 나타나는 예배 요소입니다. 우리나라 개신교회처럼
거의 모든 공예배에서 평신도가 회중을 대신하여 기도드리는
사례는 비예전적 교회 역사에서도 드문 경우에 해당합니다.
종교개혁자들의 예배에서도 평신도가 공예배에서 기도한
사례는 발견할 수 없습니다. 예배 중에 드리는 개인적인
기도로는 설교 전에 목회자가 드리는 '성령의 조명을 위한
기도'(prayer of illumination)와 성찬식에서 집례자가 드리는 기도,
그리고 목회 기도(pastoral prayer)가 있습니다. 목회 기도의
경우 목회자가 회중을 위해 드리는 일종의 목양적인 위탁과
배려를 담은, 교단을 불문하고 많은 예배에서 볼 수 있는 기도
형식입니다.

현재 우리나라 교회에서는 목회 기도를 대신하여 대표
기도가 예배 순서에 들어간 것으로 보입니다. 그 이유로
여러 가지 추측이 가능합니다. 우선 한국 개신교회 태동기에
깊은 영향을 끼친 선교사들의 신학적 성향과 연관됩니다.
미국에서 제2차 대각성 운동을 통해 많은 선교협회들이
조직되었고 집회 방식의 부흥운동이 일어났습니다. 잘
알려진 찰스 피니(Charles Finney)와 같은 유명한 집회 인도자가
활동했고 비예전적인 집회를 드리면서 성령의 자유로운
임재를 강조하게 되었습니다. 즉흥적인 기도와 열정적인
찬양과 간증이 예배 속에 스며들었습니다. 일부를 제외하고

우리나라에 왔던 선교사들에게서도 이러한 영향을 어렵지 않게 발견할 수 있습니다. 덧붙여 선교 초기로부터 교회 안팎의 다양한 사역에서 장로의 위치와 역할은 매우 특별했습니다. 자연스럽게 장로들이 평신도의 대표라는 인식이 받아들여졌고, 대표 기도는 장로의 책임이자 의무로 굳어지게 되었습니다.

15a

대표 기도의 장점과 공헌은 분명히 있습니다. 평신도로서 예배에 적극 참여하는 것은 긍정적입니다. 다만 몇 가지 면에서 대표 기도는 조심스럽게 접근할 필요가 있습니다. 우선 대표 기도라는 용어를 신중하게 사용해야 합니다. 교회의 머리는 목사도, 장로도 아닌 예수 그리스도입니다. 따라서 대표 기도보다는 그냥 '기도'라고 하거나 기도 담당, 공동 기도, 주일 기도 등 여러 가지 대안적인 표현이 좋습니다.

어떻게 하면 대표 기도를 잘 드릴 수 있을까요? 대표 기도는 공적인 행위이며 그 내용은 교회와 교회의 예배를 섬기는 방식이어야 합니다. 사적인 감정이나 의견이 담기지 않도록 주의해야 하고 신학적, 상식적으로 일정한 수준을 갖추어야 합니다. 예를 들어 저속하거나 천박한 표현을 하지 않도록 유의해야 합니다. 예배의 진행에 지장을 초래하지 않도록 간결하게 하는 것도 명심해야 할 사안입니다. 몇몇 교회에서 기도의 분량을 정해주고 기도문을 영상으로 띄우는 경우를 보았는데 추천할 만한 방식이라고 생각합니다. 공동기도문으로 함께 기도하는, 교회의 전통적 방식도 시도하면 좋겠습니다.

대표 기도를 포함하여 바람직한 기도를 드리기 위해 다음과 같이 제언합니다. 첫째, 자주 기도하십시오. 연습이 변화를 만들어냅니다. 둘째, 일정한 시간과 장소를 정하면 꾸준하게 기도하는 데 도움이 됩니다. 셋째, 좋은 기도문을 많이 읽으십시오. 저는 개인적으로 기도가 잘 안 될 때는 주기도문을 외우거나 예수기도("예수 그리스도여 우리를 불쌍히 여기소서"를 반복하는 기독교의 전통적 기도)를 하라고 권고하며 좋은 기도문을 찾아 읽기도 합니다. 넷째, 기도를 직접 작성해보십시오. 공적인 자리에서 기도할 경우 되도록 기도문을 작성하여 읽거나 외워서 하는 것이 바람직합니다. 중언부언을 방지하고 시간을 지키게 도와줍니다. 다섯째, 대표 기도문을 작성한 다음 다른 분들에게 점검을 받으시기 바랍니다. 여섯째, 기도한 대로 살도록 노력하십시오. 기도와 일상이 조화를 이룰 때 아름다운 인격과 신앙이 담긴, 주님께서 원하시는 기도를 드릴 수 있을 것입니다.

15b

가장 중요한 것은 기도의 의미를 제대로 알고 날마다 되새기는 것입니다. 우리는 주님의 백성들을 대표하는 것이 아니라 주님의 백성들을 섬기기 위해 기도의 자리로 부름받았습니다. 우리는 주님의 말씀을 담은 편지이자 주님의 뜻을 풀어서 기록하는 몽당연필 같은 존재입니다. 그런 까닭에 "예수 그리스도의 이름으로" 주님의 도우심을 구해야 합니다. 주님의 은혜에 의지하고 그분의 사랑이 담긴 겸손하고 신실한 기도를 드릴 수 있기를 소망합니다.

16. 왜 찬양대와 찬양팀이 나뉘어 있나요?

우선 교회음악에 대한 대략적인 이해가 필요합니다.
교회음악은 기독교와 관련된 각종 작곡, 성악, 기악 등을
아우르는 음악 형태로, 그 범주가 매우 넓은데 통상적으로
대상과 형식에 따라 세 가지로 분류합니다.

먼저 예배용 음악입니다. 가톨릭에서는 미사 음악이라고
합니다. 예배에서 사용하도록 특화된 것으로 예를 들면
송영이나 시편 교송 같은 것입니다. 예전적 교회의 성찬식에서
사용하는 음악도 이에 해당합니다.

두 번째로 연주와 감상을 위한 음악이 있습니다. 교회음악
중에서 가장 큰 규모의 연주 음악으로 오라토리오가 있습니다.
성서의 내용을 기반으로 독창, 중창, 합창과 오케스트라
연주로 구성되었으며, 오페라의 화려한 무대, 의상, 그리고
극적인 요소가 빠진 것으로 볼 수 있습니다. 멘델스존의
《엘리야》, 하이든의 《천지창조》, 헨델의 《메시아》가 대표적인
예입니다. 칸타타는 오라토리오에 비해 규모가 작은 교회음악
형식입니다. 17세기에서 18세기까지 바로크 시대에 발전한
것으로 바흐의 작품들이 잘 알려져 있습니다. 오라토리오나
칸타타는 그 규모와 길이로 인해 예배보다는 주로 공연을 통해
교인들이 감상하는 음악으로 자리 잡게 됩니다. 성가대의 특송
역시 예배라는 환경에서 이루어지는 감상용 교회음악으로
정의할 수 있습니다. 아름다운 음악 연주를 통해 성도들의

신앙을 고양하고 예배를 돕습니다.

세 번째로 회중이 함께 참여하여 부르는 음악이 있습니다.
찬송가와 복음성가가 대표적입니다. 듣는 것에 머물지
않고 능동적으로 함께 부르는 것입니다. 물론 예배에서
사용하는 대신 공연을 통해 감상할 수도 있기 때문에
어떻게 활용되느냐에 따라 감상용과 참여용으로 그 용도가
달라지기도 합니다.

그렇다면 찬양대(성가대)와 찬양팀은 어떤 역할을 감당할까요?
대부분의 개신교회에서 찬양대는 예전적인 교회들처럼 정해진
음악을 늘 연주하지는 않지만 기본적으로 예배를 위한 음악을
담당합니다. 기도송이나 응답송이 그 예입니다. 더불어 앞서
소개한 대로 많은 성도들 앞에서 성가 연주를 통해 감상의
기회도 제공하고 앞에 서서 성도들과 함께 찬양하기도 합니다.

찬양팀은 회중과 더불어 찬양하는 일을 대부분 맡습니다.
주로 현대 악기를 사용하고 현대적인 복음성가를 부릅니다.
찬양팀은 교회 사정에 따라 예배에서 찬양대 역할을 하기도
하고, 공연이나 음반을 통해 자신들의 음악을 들려주는 사례도
많지만 대부분 예배 때 회중 찬양을 인도하고 돕습니다.
역할과 기능에 있어서 중복되기도 하고 그 경계가 느슨한

경우도 있지만 일반적으로 찬양대는 전통적인 예배음악, 감상 음악을 주로 담당하고 찬양팀은 회중과 함께 부르는 찬양을 맡습니다. 각자의 고유 영역이 있지만 다른 역할을 감당하는 교회도 있고 기능상 혼합된 경우도 적지 않습니다. 따라서 분명하게 역할을 구분한다거나 무엇이 더 중요하다고 이야기하는 것은 적절치 않습니다. 미국의 브루클린 태버너클 콰이어(Brooklyn Tabernacle Choir)가 찬양대와 찬양팀이 혼합된 대표 사례가 아닐까 싶습니다.

중요한 것은, 교회음악에는 다양한 접근방식과 활용방식이 있다는 사실입니다. 찬양대와 찬양팀의 역할도 경계를 넘나드는 시점에 어떤 팀이 더 은혜롭다거나 성경적이라고 정의하는 것은 무의미합니다. 음악의 형식이나 방식보다 더 중요한 것은 성령의 임재에 대한 겸손한 기대와 찬양을 위한 신실한 준비입니다. 참고로 '성가대'는 일본식 표현(세이카다이, 聖歌隊)을 그대로 가져와서 사용한 것이라는 논란이 있습니다. 성가가 '거룩한 노래'라는 뜻이기에 그냥 사용해도 큰 무리는 없겠으나 저는 '찬양대'가 선교 초기부터 보편적으로 사용되었고 더 무난한 표현이라고 생각합니다.

17. 예배 찬양에 기준이 있나요?

기독교인들이 다양한 음악 형식으로 하나님을 찬양하고
신앙을 고백해왔음은 새로운 사실이 아닙니다. 요즘 우리는
다양한 교회음악 형식들의 향연 속에 살고 있다고 해도
과언이 아닙니다. 그레고리안 성가(Gregorian Chant)로부터 랩이
가미된 CCM(Contemporary Christian Music)에 이르기까지 교회의
역사를 통해 물려받은 교회음악의 소중한 자산들이 찬양의
도구로 아름답게 사용되고 있습니다. 이렇게 풍성한 음악의
보고(寶庫)에서 듣고 싶거나 부르고 싶은 것을 자유롭게 선택할
수 있다는 것이 얼마나 기쁘고 복된 일인지 모릅니다. 그러나
좋은 음악은 마치 좋은 음식과 같아서 우리 영혼을 건강하게
해주지만 그렇지 않은 경우도 많기 때문에 올바른 선택을
위해서 일정한 기준이 필요합니다.

찬송가나 복음성가의 가사를 판단하기 위해 게일 램쇼(Gail
Ramshow)는 다음과 같은 조건을 제시합니다. 첫째, 누가 찬양의
대상인가? 둘째, 성서 혹은 성서적 메시지가 잘 표현되었는가?
셋째, 신학적으로 문제가 되지 않는가? 넷째, 문학적 완성도가
있는가? 다섯째, 가사에 포용력이 있는가? 즉 성차별이나
인종차별 등의 흔적이 없어야 한다는 이야기입니다. 여섯째,
사람에 대한 표현이 지나치게 비관적이지 않은가? "벌레만도
못한" 자신의 부족함과 죄악 됨을 고백할 수 있습니다. 그러나
동시에 우리가 하나님의 자녀이자 성령의 전이라는 사실도
잊어서는 안 될 것입니다. 즉 겸손함과 자존감의 조화가 있어야

한다는 의미입니다. 일곱째, 권위를 인정할 만한 인물이 가사를 썼는가? 신앙과 인격으로 모범이 되었던 사람의 찬송이라면 자연스럽게 권장할 만한 찬송이 되겠지요. 여덟째, 교회절기와 어울리는가?

게일 램쇼가 제시한 좋은 가사와 찬양의 기준은 다분히 고교회적(高教會的) 전통에서 공예배를 전제로 하여 만들어진 것입니다. 따라서 이러한 기준에 지나치게 얽매일 필요는 없습니다. 그러나 다양한 교회음악들 가운데 무엇을 선택할지 고민하는 모든 이들에게는 어느 정도 타당성 있는 기준이 됩니다.

이렇듯 '교회음악의 다양성'과 '좋은 찬양의 기준'이라는 두 가지 항목을 염두에 둔다면 여러 가지 복잡한 문제들이 의외로 쉽게 정리될 수 있습니다. 우선 복음성가와 찬송가로 나누는 구태의연한 구분은 조금 느슨해질 필요가 있습니다. 물론 지나치게 감성을 강조하거나 수직적이고 개인적인 하나님과의 관계만을 이야기하는 곡들이 복음성가 중에 상당히 많으며, '나'라는 1인칭 단수가 자주 사용됩니다. 이런 찬양도 신앙생활에 필요하지만 지나치게 그런 찬양만을 고집하는 것은 영양의 균형이 깨진 편식이 아닐 수 없습니다. 이런 찬양을 예배에서 사용할 때 주의가 필요합니다.

찬송가와 복음성가, 고전적인 성가곡과 현대적인 음악 모두 하나님께서 우리에게 주신 선물들입니다. 앞서 이야기한 대로 과거의 교회음악의 유산에서 아름답고 훌륭한 가사를 담은 탁월한 찬양을 발견할 수 있습니다. 요즘 나오는 복음성가 중에서도 우수한 작품들을 자주 발견할 수 있습니다.

지금 우리에게 필요한 자세는 찬양의 다양함에 마음의 문을 여는 개방성이며 찬양의 탁월성과 건전함을 발견하고자 노력하는 진지함과 신실함입니다. 나아가 우리말의 아름다움이 살아 있는 찬송, 우리 가락에 어울리는 가사를 담은 한국적인 찬양을 만들고 부르는 일이 필요하다는 생각이 듭니다. 앞으로 더욱 다양하고 풍성한 시도가 이루어지기를 기대합니다. 어떤 음악을 좋아하든지 참된 향유의 기쁨이 있었으면 좋겠습니다.

18. 헌금은 꼭 내야 하나요?

하나님의 은혜에 감사해서 주님께 드리는 예물(눅 21:1)이 가장 보편적인 헌금의 정의일 것입니다. 구약에서는 십일조와 예물을 철저하게 드렸고 초대교회에서도 가난한 이들을 구제하기 위해 헌금을 드린 기록이 나옵니다(고전 16:1-2, 고후 9:8-15). 헌금은 구약시대에는 제사를 맡았던 레위인들을 위해 사용되었고, 초대교회의 기록에는 봉헌(offering)과 성도를 위한 연보(almsgiving)가 구분되어 나옵니다. 봉헌한 예물은 교회를 위해, 연보는 구제를 위해 사용된 것으로 봅니다. 실제적으로 현재 우리가 사용하는 헌금은 목회자들의 사례비와 교회 건물의 유지와 보수, 각종 프로그램 운영을 위한 소요 경비, 구제, 선교 등 다양한 방식으로 사용됩니다. 그렇다면 하나님의 은혜에 감사해서 드렸는데 왜 모두 사람들을 위해 사용하느냐는 질문이 나올 법도 합니다. 우리가 마음을 다해 우리가 가진 것의 일부를 감사하는 마음으로 겸손하게 하나님께 드리고, 하나님의 나라를 위해 사용되는 경비로 선하게 사용된다고 생각하면 좋겠습니다.

헌금을 드리는 이유와 근거는 명확합니다. 헌금은 우리의 삶이 우연이 아닌 섭리 가운데 주어진 하나님의 선물임을 인정하는 것, 그분이 우리의 삶의 주인임을 고백하는 것, 그리고 그분의 뜻에 따라 살겠다는 다짐을 포괄하는 상징적 신앙행위입니다. 우리의 마음과 삶을 주님께 바치는 일입니다. 이것을 이해하기 위해서는 재물에 대한 기독교적인 안목이 필요합니다.

'돈' 혹은 '재물'은 매우 중요하고 예민한 주제입니다. 예수님의
말씀 중에는 우리에게 대단히 부담을 안겨주는 구절이
있습니다. 마태복음 6장 24절입니다.

> 한 사람이 두 주인을 섬기지 못할 것이니 혹 이를 미워하고
> 저를 사랑하거나 혹 이를 중히 여기고 저를 경히 여김이라
> 너희가 하나님과 재물을 겸하여 섬기지 못하느니라

이 말씀을 주목해야 하는 이유는 예수님께서 유독 재물에
인격을 부여했다는 사실 때문입니다. 예수님께서 "맘몬"이라고
하신 것도 그것이 하나님의 자리를 쉽게 차지하기 때문입니다.
그런 까닭에 존 파이퍼(John Piper) 목사는 "하나님과 돈을
겸하여 섬길 수 없으며, 상호 배타적"이라면서 "하나님을
섬기거나 돈을 섬길 수밖에 없다"라고 말했습니다. 실제로 돈이
우상이 되는 경우를 우리 주위에서 쉽게 목격할 수 있습니다.
고난을 이겨내는 사람이 100명이라면 번영을 이겨내는
사람은 1명이라는 데일 카네기(Dale B. Carnegie)의 유명한
이야기가 생각납니다. 재물에 집착하거나 연연하는 삶이
아니라 하나님께로부터 온 것이니 당연히 하나님께 드리는
것이라는 인식과 실천이야말로 우리가 이 세상에서 재물의
노예로 살지 않는 방법입니다. 그렇다면 헌금은 단순히 드리는
행위라기보다는 우리의 마음가짐과 영성을 측정하는 기준이
될 수 있습니다. 따라서 우리가 드리는 헌금이 정당한 노동을
통한 의로운 것인가라는 질문을 제기해야 합니다. 소비도
마찬가지입니다. "신용카드 명세서가 우리의 영성"이라는
이야기도 있으니까요.

그렇다면 어떻게 드려야 할까요? 십일조를 문자적으로
해석하여 강요하거나 과시의 수단이 되어서는 안 됩니다.
십일조는 모든 것을 주신 하나님의 은혜에 대한 당연한
반응이었습니다. 십일조를 드리지 않는 것은 하나님의 것을
도둑질하는 행위로 간주되기도 했습니다(레 27:31; 신 26:13-15;

말 3:8-9). 그런데 예수님께서는 바리새인들이 박하와 회향과 근채의 십일조까지 하였지만(마 23:23), 율법의 근본정신이 아닌 형식만 가졌다고 오히려 책망하셨음을 기억하시기 바랍니다. 따라서 십일조는 문자적으로 확정된 기준이라기보다는 자발적 헌신을 기대하는 의미심장한 권고라고 보는 것이 좋겠습니다. 덧붙여 고린도전서 16장 2절은 이익을 얻는 대로 드리라고 합니다. 범사에 감사하는 마음에 대한 말씀으로 여겨집니다.

재물을 선용하는 것은 바람직하지만 재물을 모으는 것이 궁극의 목적이 되거나 선행을 하늘에 보물 쌓기처럼 기계적으로 이해하는 것은 조심해야겠습니다. 하나님은 우리가 주님의 뜻대로 의롭게 살아가기를 원하십니다. 중요한 것은 재물에 대해 늘 경각심을 갖는 것과 모든 상황 속에서 은혜로 해석하는 자세입니다. 그런 기준을 두고 살아간다면 헌금은 더 이상 부담이 아닌, 기쁨과 보람과 겸손한 헌신의 표현과 증거가 될 수 있을 것입니다.

나아가 교회에서 헌금을 드리고 사용하는 데 요구되는 덕목들이 있습니다. 첫째, 합리성입니다. 터무니없이 과장하거나 강요하는 일이 없어야 합니다. 자신의 수입과 지출을 객관적으로 파악하고 무리가 되거나 인색하지 않게 책임감을 가지고 준비해야 합니다. 둘째, 투명성입니다. 아나니아와 삽비라의 이야기(행 5:1-11)는 재물에 정직하지

않았던 것에 대한 경고의 메시지입니다. 하나님 앞에서
투명하고 거룩하게 물질을 사용해야 한다는 말씀입니다. 셋째,
사랑하는 마음으로 주저함 없이 기꺼이 드려야 합니다.

요약하면, 헌금은 하나님의 은혜에 대한 감사의 표현이자
우리 자신을 산 제물로 드리겠다는 다짐의 구체적 행위입니다.
감사와 기쁨으로 나누는 아름다운 신앙의 표현이기도 합니다.
선한 헌금의 열매는 기근과 환난으로 고통당했던 예루살렘
교회를 도왔던 마게도냐 교회의 기록(고후 8:1-15)을 비롯하여
교회 역사에 수많은 별이 되어 빛나고 있습니다. 우리도 그렇게
하나님께 영광을 돌리고 많은 이들을 풍요롭게 만드는 거룩한
나눔에 기꺼이 기쁨으로 동참할 수 있기를 바랍니다.

교회력과 절기

19. 교회력과 절기는 무엇인가요?

교회력은 예수님이 오신 성탄을 준비하는 대림절로 시작하여 예수님의 인생 과정을 똑같이 재현합니다. 즉 예수 그리스도를 중심으로, 세상의 달력과는 구별되는 교회만의 시간표인 셈입니다. 교단에 따라 교회력의 이름도 조금씩 다르고 지키는 절기도 다르지만, 일반적으로 교회력은 부활 절기, 성탄 절기(성육신 주기), 일상 절기(Ordinary Time) 등 세 개의 주요 절기로 구분됩니다. 부활 절기는 재의 수요일부터 부활절, 오순절 성령강림절, 그리고 삼위일체 주일까지이며, 성탄 절기는 대림절, 성탄절, 주현절까지입니다. 일상 절기는 성령강림절 이후 두 번째 주일부터 대림절 시작 전 주일까지, 그리고 주현절부터 사순절 시작 전 주일까지를 의미합니다.

교회력과 절기에 따라 교회는 다양한 색깔을 사용하여 그 의미를 상징적으로 표현했습니다. 대림절에는 위엄을 상징하는 보라색, 성탄절부터 주현절에는 보라색과 더불어 순결과 거룩을 나타내는 흰색을 사용합니다, 주현절부터 사순절이 시작되는 성회수요일까지도 흰색을 사용합니다. 사순절에는 보라색이 사용되는데 이는 보라색이 위엄과 더불어 참회를 뜻하기 때문입니다. 성금요일에는 슬픔을 상징하는 검은색을 씁니다. 부활절로부터 성령강림절까지 흰색을, 성령강림절에는 성령의 임재를 상징하는 붉은색을 사용합니다. 평상시에는 생명과 성장과 희망을 상징하는 녹색을 사용하는데 삼위일체주일에도 쓰입니다.

19

먼저 교회력은 제임스 화이트가 정의한 대로 "구원사에서
중요한 과정 모두를 우리 스스로 다시 체험하는 한
수단"입니다. 우리가 세상의 시간에 따라 살지만 궁극적으로는
주님의 구원 섭리 가운데 살아감을 재연을 통해 경험하고
고백합니다. 그리스도의 탄생, 세례, 죽음, 부활을 기억하며
하나님의 은혜의 시간 속에서 살아간다는 의미이고, 따라서
신실하게 그분의 삶과 뜻을 따라 살겠다는 일종의 거룩한
책임을 갖게 됩니다. 이처럼 교회력은 주님이 우리에게
다가오시는 "신선한 수단"이고 "고갈되지 않는 선물"입니다.

두 번째로, 절기에 담긴 특별한 의미를 되새기고 축하하면서
신앙생활에 의미와 활력을 제공합니다. 예를 들어 부활절
예배와 행사를 통해 주님의 부활을 생생하게 기억하며 그 깊은
의미를 마음과 삶에 새기게 됩니다.

세 번째로, 교회력은 우리가 보내는 시간에 매듭을
지어줍니다. 김기석 목사는 교회 절기가 기독교인들에게
생태적인 리듬을 제공하는 것이라고 말합니다. 그는 대나무에
마디가 있어서 곧고 높게 성장하는 것에 비유하면서,
교회의 절기들이 우리의 삶에 마디를 만들어주어 우리의
삶을 되돌아보고 신앙 안에서 성장할 수 있도록 돕는다고
이야기합니다.

저는 이러한 교회력의 의미를 일상에 영원을 담는 일이라고 요약하고 싶습니다. 교회력에는 하나님이 부재하시는 무의미한 삶을 살지 않으려 분투했던 흔적이 담겨 있습니다. 예수 그리스도의 삶을 기초로 해서 공동체에 따라 다양한 방식으로 만든 교회력과 절기를 통해 예수님의 탄생, 삶과 죽음, 부활의 의미와 재림의 소망을 되새기려 노력한 것입니다. 절기에 맞춘 기도와 찬양과 말씀과 나눔을 통해 예수님과 동행하는 삶, 즉 천국의 편린(片鱗)을 발견할 수 있었습니다. 이렇듯 기독교인들은 역사 속에서 자신을 나타내시는 주님을 만났고, 세상 달력에서는 발견할 수 없는 주님의 표정과 말씀과 '영원하심'을 일상에 차곡차곡 담아왔던 것입니다.

교회력과 절기는 신앙생활을 돕는 하나의 도구적 형식입니다. 오늘도 주님은 달력 한 장을 넘길 때마다 아쉬움과 후회로 고개를 숙이거나, 알량한 업적을 헤아리기에 바쁘거나, 유한하고 임시적인 세상의 노예로 사는 이들을 안타깝게 바라보십니다. 그리고 이내 그들을 참된 자유와 은혜가 가득한 그분의 영원한 시간 속으로 초대하십니다. 비록 세상의 시간 속에 있지만 어떻게 일상에서 주님과 함께할 수 있는지, 어떻게 주님의 시간 속에서 현재를 살며 미래를 맛볼 수 있는지 가르쳐 주십니다. 물론 교회력과 절기가 신앙생활의 절대적 요소는 아니고 절기에 지나치게 얽매인다면 오히려 우리를 불편하게 할 수도 있습니다. 그럼에도 교회력과 절기는 예수 그리스도의 삶을 묵상하게 도와주며, 우리의 삶에 거룩하고 영원한 주님을 알려주는 좋은 안내자이자 인생의 순례길에서 천국을 맛보는 여정에 함께하는 소중한 벗임은 분명합니다.

20. 대림절은 무엇인가요?

교회력의 시작이라고 알려진 대림절(待臨節, Advent)은 성탄절 전 4주간을 의미합니다. 한 해의 끝자락, 마무리의 분주함 속에서 기독교인들은 새로운 삶을 여는 출발점에 벅찬 마음으로 서는 것입니다. 대림절은 교회력으로는 주님과의 동행을 새롭게 시작하는 거룩한 이정표가 놓인 지점이며, 주님의 나심을 축하하며 기다리는 설렘과 흐트러진 마음을 다잡는 긴장이라는 역설적인 정서들이 교차하는 나들목이기도 합니다. 주님의 탄생을 축하하고 다시 오실 주님을 기다리는 내용을 담아 예배를 드린 것이 이 절기의 기원인데, 대략 주후 8세기경 서방교회에서 본격적으로 지킨 것으로 추정됩니다.

대림절은 주님께서 오신 것을 기억하며 다시 오실 것을 기대하는 이중적인 의미를 갖습니다. 즉 아남네시스(anamnesis, 생생한 기억, 성찬식의 "나를 기념하라"에서 기념의 의미)와 프롤렙시스(prolepsis, 천국의 잔치를 미리 맛본다는 의미이자 기대와 소망의 의미)가 함께 있는 것입니다. 그래서 대림절과 성탄절을 묶어 초림을 기억하고 재림을 기대하는 절기라고 이야기하기도 합니다. 그렇다면 기독교의 예배에서 대림절이 어떤 의미를 가지고 있으며 어떻게 보내야 하는지는 그리 어렵지 않게 알 수 있습니다. 주님의 오심을 기쁨과 기대 가운데 겸손하게 준비하는 것입니다.

대림절을 위한 성서 정과에서 보통 첫째 주와 둘째 주는 재림에 대한 기대를 담고 있으며, 셋째 주와 넷째 주는 성탄에 대한 기대를 포함합니다. 물론 재림, 심판, 성도의 훈련과 준비하는 자세, 기다림, 축하 등 다양한 주제로 예배를 드립니다. 주님의 오심을 준비한 세례요한과 마리아, 시므온과 안나는 물론이요, 동방박사들과 들에서 양을 치던 목자들에 이르기까지 다양한 이야기가 포함됩니다. 교회력을 중요하게 생각하지 않는 교회라 해도 대림절에는 최소한 주님의 탄생의 의미와 준비하는 마음에 대한 설교와 기도를 나누게 됩니다.

예수님이 빛으로 오신 분임을 잊지 않고 소망 가운데 기다리는 것을 나타내기 위해 대림절 첫 주일부터 네 번에 걸쳐 초를 나누어 켭니다. 성탄절에는 하얀 초를 밝혀 예수 그리스도를 상징적으로 나타냈습니다. 세상의 모든 어둠을 몰아내고 이 땅에 오신 예수 그리스도를 바라보자는 의미입니다. 일부 예전적 교회만의 전통으로 생각하는 경향이 있는데 초는 빛으로 오신 예수 그리스도를 상징하는 가장 보편적인 도구로 교회에서 널리 사용되었기에 큰 무리 없이 활용할 수 있을 것입니다.

성탄절의 대표적인 장식인 성탄목(크리스마스 트리)의 경우 일 년 내내 변하지 않는 나무를 사용하여 영원성을 나타냈는데, 루터가 전나무를 가져와 사용했다는 이야기도 전해집니다. 성탄목 장식으로는 사과를 매달아 에덴동산의 선악과를 상기시키고 빵으로 만나를, 초를 통해 빛으로 오신 주님을 나타냈습니다. 대림환(대림절 화환, Wreath)을 만들어 문에 달아놓거나 집안에 장식하는 것도 잘 알려진 전통입니다. 초는 통상 4개의 보라색 초로 장식하는데 간혹 '그리스도의 초'라는 이름의 초를 가운데 꽂기도 했습니다. 물론 이러한 상징 사용에 대한 교회의 입장은 매우 다양합니다. 그러므로 상징이 나타내고자 하는 본질이 효과적이면서도 무리 없이 드러나면 좋을 것입니다. 사소한 장식이라 할지라도 교회 공동체의 성숙한 대화 가운데 사용하고 지나치게 화려한 장식은 피하는 것이 좋습니다.

대림절에서 빼놓을 수 없는 것이 바로 크리스마스 캐럴입니다.
수많은 찬양들이 주님의 오심을 기억하고 다시 오심을
기대합니다. 그중 예전적인 교회에서는 '오' 안티폰('O'
antiphon)의 전통을 지키고 있습니다. 2월 17일부터 23일까지
'The Great Os'라고도 부르는, 'O'로 시작하는 찬양들을
부르는 것입니다. 예를 들면 12월 23일에 부르는 O come,
O come, Emmanuel (곧 오소서 임마누엘)과 같은 곡들입니다.
주님의 오심에 대한 기대와 소망을 담은 크리스마스 캐롤은
대림절의 소중한 유산입니다.

20

대림절과 성탄절기에 반드시 잊지 말아야 할 내용이 있다면
바로 주님이 이 땅에 오신 사실과 그 의미입니다. 모든 예배는
이 신비와 사랑을 기쁨으로 고백하고 전하는 일에 초점을
맞추어야 할 것입니다. 우리가 할 일은 오신 주님을 기쁨으로
기억하고 감사하고, 다시 오실 주님을 기대하면서 함께 모여
기도하고 찬양하는 일입니다. 정교회 신학자인 알렉산더
슈메만은 누가복음 2장 29-32절에 등장하는 시므온의 노래를
거룩한 기대와 기다림의 아름다운 사례로 소개합니다.

평생을 기다려온 시므온에게 마침내 그 아기 그리스도가
주어진 것이다. 그는 마침내 세상의 생명이신 분을 자기 품에
안았다. 그는 기대와 기다림 중에 있는 온 세상을 대표했고,
그가 감사를 표현하기 위해 했던 말들이 이제 우리의 기도가
되었다. 그가 주님을 알아볼 수 있었던 것은, 사랑하는 이를
품에 안는 것이 당연한 일이었기 때문이다. 이처럼 그의
기다림의 생애는 마침내 성취되었다….

21. 성탄절은 왜 12월 25일인가요?

예수님이 탄생한 날을 정확히 알기는 어렵습니다. 탄생에 대한
직접적인 사료가 불충분하기 때문입니다. 사실 초대교회에서는
예수 그리스도의 죽으심과 부활이 중요했고 탄생에는 관심이
덜했다고 볼 수 있습니다. 초대교회 교인들이 성탄절을 예수
그리스도의 생일로 여기고 축하했다는 기록은 있지만 그
기원에 대해 의견이 분분합니다. 2세기 후반 알렉산드리아의
클레멘스는 예수 그리스도의 탄생을 12월 25일이 아닌 1월
6일이나 10일, 4월 19일이나 20일, 5월 20일, 11월 18일에
기념했다고 합니다. 그렇다면 우리는 2세기 후반까지 다양한
날에 예수님의 탄생을 기념했다는 가정을 할 수 있습니다. 즉
처음부터 12월 25일로 확정되지는 않았다는 것이죠. 분명한
것은 적어도 4세기 초 로마에서는 12월 25일에 성탄절을
축하했다는 사실입니다. 초대교회 감독들인 테르툴리아누스나
히폴리투스도 이야기했듯이 춘분 후 4일째 되는 날인 3월
25일에 예수 그리스도께서 십자가에서 죽으신 것으로 알려져
있습니다. 소위 영웅들, 구약의 족장들의 수태일은 사망일과
같다고 생각했기에 마리아의 수태일도 3월 25일이라고 믿었고
그렇게 계산을 하니 12월 25일이 성탄절이 된 것입니다.

한편으로는 로마제국의 미트라스교(Mithraism)와의 연관성에서
성탄절의 기원을 찾기도 합니다. 미트라스교에서 12월 25일은
'정복되지 않은 태양'의 탄생일(dies natalis solis invicti) 즉, 태양신
미트라스의 생일입니다. 당시의 문화를 수용하여 빛으로 오신

주님의 탄생과 연결시켰다는 추측입니다. 추운 겨울 태양이
비추기를 바라는 마음과 밤이 가장 긴 시기를 지나 맞이하는
성탄절의 위치가 상징적으로 조우하기에 나온 이야기입니다.

21

참고로 성탄절이 12월 25일이라는 가장 오래된 역사적
기록으로는 로마교회의 감독 다마수스의 친구이며 필사
전문가인 필로칼루스가 편찬한 연대기(354년)가 있습니다.
336년 로마교회의 순교자 명부도 예수 그리스도의 탄생이
12월 25일인 것을 기초로 작성한 것으로 알려져 있습니다.
주후 386년 요한 크리소스톰(John Chrysostom)의 설교에서,
당시 교회에서 오랫동안 축하해왔던 12월 25일을 성탄일로
확정하자는 내용이 나온 이후로 서방교회는 큰 이견 없이
이 전통을 지켜오고 있습니다. 한편 동방교회는 예수님이
십자가에서 돌아가신 날짜를 4월 6일로 보았기에 당연히 1월
6일을 탄생일로 여겼습니다. 잘 알려진 대로 동방교회는 1월
6일을 주현절(主顯節, Epiphany)이자 성탄절로 지키고 있습니다.

성탄절의 기원은 모호합니다. 그러나 정확한 날짜를 모른다고
해서 성탄절의 의미가 퇴색되는 것은 아닙니다. 빛으로 오신
예수 그리스도의 성육신의 은혜는 교회의 신학과 예배의
전통에 분명하게 자리를 잡았습니다. 믿음의 선조들은 주님의
탄생과 임마누엘의 축복이 얼마나 중요한지 잘 알고 있었고

예배 속에서 구현해왔습니다. 성탄절을 축하하는 수많은 음악, 장식, 예전들은 주님의 탄생을 효과적으로 전할 뿐만 아니라 중차대한 의미를 되새기기 위해 만들어진 것들입니다. 크리스마스(Christmas)는 라틴어 '크리스투스'(Christus)와 '미사'(Missa)가 합해진 것입니다. 즉 그리스도와 미사를 묶은 것인데 그리스도를 예배한다는 의미라고 하겠습니다. 잘 알려진 대로 X-mas라는 약어는 헬라어로 그리스도의 첫 글자인 X를 사용한 것으로 의미는 크리스마스와 동일합니다. 어원을 살펴보면 성탄절의 목적이 무엇이고 주인공이 누구인지 분명해집니다. 성탄절은 '예수 그리스도를 예배하는 날'입니다. 우리를 위해 오신 주님으로 인해 기뻐하고 감사하며 찬양하는 날입니다.

22. 사순절과 부활절은 어떻게 기념해야 할까요?

사순절은 재의 수요일에서 시작하여 부활절 전날까지 여섯 번의 주일을 제외한 40일 동안의 기간을 말합니다. 주일이 빠진 이유는 주일을 작은 부활절로 여겼기 때문입니다. 40일 동안 금식과 절제, 회개와 기도, 그리고 선행을 통해 주님의 부활을 맞이할 준비를 합니다. 초대교회 때부터 사순절은 세례를 준비하는 기간으로 활용되었습니다. 주후 3세기 초까지 기간이 명확하게 정해지지 않았으나, 주후 325년 니케아 공의회 때부터 40일로 정해졌습니다. 물론 교회에 따라 다양한 양상을 보이지만 고난주간에 다양한 예배를 드린 것은 분명합니다. 사순절과 부활절의 의미에 대해 몇 가지 기억해야 할 것이 있습니다.

첫째, 사순절은 재의 수요일(혹은 성회聖灰 수요일)에 시작됩니다. 재의 수요일의 주제는 "흙에서 왔으니 흙으로 돌아갈 것이니라"(창3:19)입니다. 재를 사용하는 것은 흙에서 온 유한한 인간 존재의 근원을 자각한다는 의미입니다. 역사적으로는 예루살렘 성의 패망과 관련이 있고 하나님의 뜻에 불순종한 이들에 대한 심판을 상기하는 것입니다. 즉 인간의 유한함을 겸손하게 고백하고 하나님 안에서 회개를 통해 새로운 생명으로 태어나며, 주님 앞에서 아무것도 아니라는 자기 비움을 선언합니다. 그것을 상징적으로 나타내기 위해 예전적인 교회의 재의 수요일 예배에서는 전통적으로 한 해 전 종려주일(Palm Sunday)에 사용했던 종려나무 잎을 태워

재를 만든 다음 그 재로 성도들의 이마에 십자가를 긋는
의례를 행합니다. 재는 회개와 새롭게 태어남의 이미지로 매우
적절합니다. 완전히 태워져서 아무것도 남지 않는, 그야말로
순수한 물질로 돌아간 상태이니 회개의 종착점은 바로 이처럼
깨끗하게 정화된 마음일 것입니다. "옷을 찢지 말고 마음을
찢으라"(요엘 2:13)는 말씀이 생각납니다. 비예전적인 교회에서는
따로 의식을 하지 않고 사순절이 시작되었음을 공지하는
것으로 대신합니다. 물론 사순절을 지키는 것이 의무사항은
아닙니다. 그러나 교회의 오랜 전통으로, 특별히 세례를 위한
공동체 전체의 준비 기간으로 선용할 가치가 높은 절기입니다.

22

둘째, 고난주간은 영어로는 '거룩한 주간'(Holy week)으로
다양한 예배들이 이루어집니다. 세족 목요일(Maundy Thursday)은
라틴어로 명령, 계명을 의미하는 만다툼(mandatum)에서
유래했는데 예수님께서 제자들의 발을 씻기며 새로운 계명을
주셨음을 기념합니다. 어떤 교회들은 세족식을 거행하기도
합니다. 성금요일(Holy Friday, Good Friday)은 예수 그리스도께서
십자가에 달리신 것을 기념하는 날입니다. 그분의 죽음으로
우리가 구원을 얻었기에 좋은 금요일(Good Friday)이라고도
합니다. 교회마다 가상칠언을 소재로 예배를 드리기도
하며 금식과 기도의 시간을 갖기도 합니다. 성토요일(Holy
Saturday)에는 주님이 무덤 속에 계심을 묵상하며 성금요일의
진지하고 엄숙한 분위기를 이어갑니다.

셋째, 부활절 예배는 새벽에 드리고 세례를 베풀며, 세례
받은 이들이 참석하는 성찬식도 거행합니다. 해가 뜨기
전 어둠 속에서 예배를 시작하여 일출을 함께 맞이한 것,
초를 사용하여 빛을 밝힌 것은 모두 죽음과 부활의 대조를
통해 예배자들에게 그 숭고한 구원의 의미를 알려주기
위해서였습니다. 세례를 위한 가장 적절한 날이기도 합니다.
어둠에서 빛으로, 새로운 삶으로 바뀐 것을 가장 극명하게
드러내는 절기가 부활절이라고 여겼던 것입니다. 무덤에 머물러
계셨던 예수 그리스도에게서 희망을 발견하고, 어둡고 참담한
무덤이 새로운 생명을 잉태하는 모태임을 고백하는 것이
부활의 신앙이며 부활절의 의미입니다.

절기는 우리에게 질서와 은혜를 공급하는 도우미입니다.
물론 교회에 따라 사순절기와 부활절을 지키는 양상은 매우
다양하기에 절대적인 기준은 없습니다. 출석하는 교회에서
사순절기와 부활절기를 지키고 있다면, 사순절기를 보내며
주님의 고난을 진심으로 진지하게 묵상하고 우리 자신을
성숙시키는 기회로 삼아 부활절 새벽에는 마음껏 축하하며
새로운 용기를 얻고 소망을 회복하시기 바랍니다.

23. 오순절은 무슨 절기인가요?

'오순'은 다섯 번의 열흘, 즉 50일을 의미합니다. 오순절(五旬節, Day of Pentecost)은 '5'를 뜻하는 헬라어 '펜테'에서 파생된 것으로 '50번째의 날'이라는 뜻이 됩니다. 구약의 3대 절기(유월절, 칠칠절, 수장절, 출 23:14-17) 중 하나인 칠칠절의 헬라식 표기입니다. 무교절 다음 날부터 계산하여 50일째 되는 날로 초여름의 밀 수확기에 있었던 추수감사절이었고 모세가 시내산에서 율법을 받은 것을 기념하였습니다(레 23:16). 이스라엘 사람들에게 있어서 잊을 수 없는 일이기에 성대한 감사 축제가 있었습니다.

기독교에서는 오순절을 성령강림절로 지킵니다. 예수님께서는 제자들에게 예루살렘을 떠나지 말고 하나님께서 약속하신 것을 기다리라고 말씀하셨습니다(행 1:4). 그 말씀에 따라 베드로, 요한, 야고보를 비롯하여 사도들과 120명의 성도들이 예루살렘에 머물러 있었습니다. 예수님께서 부활하신 후 40일, 승천하시고 10일 후, 즉 오순절에 그들은 마가의 다락방에 모여 함께 기도했고 그때 바람과 함께 마치 불의 혀와 같이 성령이 임재합니다(행 1:13-15, 2:1-4). 성경은 그곳에 있던 사람들이 "다 성령의 충만함을 받고 성령이 말하게 하심을 따라 다른 방언으로 말하기를 시작"하였다고 기록하고 있습니다. 성령은 그들에게 주님의 부활에 대한 소식을 많은 이들에게 전할 수 있는 능력을 주셨고 이날 3,000명이 넘는 사람들이 세례를 받습니다. 이렇게 임재한 성령의 역사로부터

교회가 시작되었기에 오순절을 교회의 생일로 여기게
되었습니다. 즉 오순절은 기독교에서 성령강림절로 자리 잡게
되고 교회가 시작된 날이 된 것입니다.

오순절은 축복에 대한 기억과 감사의 시간이며, 율법의 완성을
기념하는 날이자 부활을 축하하는 계절을 기쁨과 소망 가운데
마무리하는 절기입니다. 그런 까닭에 오순절기를 부활절기로
부르기도 합니다. 부활절에 세례를 받은 이들은 오순절에
이르기까지 자신의 소명을 깊이 묵상하고 주님의 부활의
증인으로 살아갈 것을 다짐하고 경건과 절제를 실천하게
됩니다.

23

오순절, 즉 성령강림주일은 교회의 생일을 맞아 교회의 본질을
다시금 확인하고 회복과 일치를 추구하는 시간입니다. 성령의
열매를 깊이 묵상하면서 성령으로 충만한 삶을 계획하고
기대하고 실천을 결심하는 복된 절기이기도 합니다. 이러한
절기의 의미를 되새기며 대부분의 교회가 성령의 임재와
교회의 생일을 주제로 예배를 드리고 있습니다. 아마도
많은 분들이 성령강림절에 바람이나 불을 소재로 한 장식을
교회에서 보았을 것입니다. 이는 마가의 다락방에 있던
이들에게 임한 성령을 상기시켜 줍니다.

부활절에 세례 받지 못한 이들은 성령강림절에 세례를 받게

됩니다. 세례가 성령의 선물이며 세례를 통해 한 성령을 먹고 마시는 은혜를 확인한다는 면에서 성령강림절은 세례를 받기에 잘 어울리는 절기입니다. 간혹 흰색을 사용하기도 하는데 이는 오순절에 세례가 이루어졌기 때문입니다. 그리스도와 함께 죽고 새롭게 태어나 이전과는 다른 삶을 산다는 의미로 흰옷을 입었던 것이 교회의 전통으로 자리 잡아 오순절을 '백색주일'(Whitsunday 또는 White Sunday)로 부르기도 합니다.

결론적으로 오순절은 예수님의 부활을 축하하고 감사하면서 부활의 증인으로 살 것을 다짐하고 삶 속에서 구체적으로 실천하도록 우리를 부릅니다. 오순절의 꽃은 마가의 다락방에 임한 성령의 임재입니다. 기독교에서 성령강림절을 중요시하는 이유는 분명합니다. 성령의 역사로 말미암아 교회가 시작되었음을 기억하며 교회의 생일을 진심으로 축하하고 성령의 인도하심과 보호하심을 따라 살아가기를 결심하는 뜻깊은 절기이기 때문입니다.

24. 추수감사절과 맥추감사절은
우리나라 명절에 맞춰 지키면 안 되나요?

추수감사주일을 한가위 명절에 맞출지, 미국처럼 11월
넷째주일로 할 것인지 논의가 있습니다. 더불어 맥추감사절과
추수감사절이 어떤 의미이며 어떻게 다른지 질문도 종종
듣습니다.

우선 맥추감사절은 구약에서 유래를 찾을 수 있는데,
보리 추수 시기와 맞물려 있습니다. 맥추감사절은 수확한
소맥(밀)이나 대맥(보리)의 첫 열매를 하나님께 드리는
절기입니다.(출 23:16). 믿음의 선조들이 첫 열매를 드리며 보여준
감사의 마음을 통해 우리의 삶을 되돌아보는 기회를 가지면
좋겠습니다. 더불어 가난한 이들과 나그네들을 위해 곡식을
남겨둔 환대와 나눔의 정신도 소중한 유산입니다(레 23:22). 한
해의 절반을 결산하는 의미도 있어서 교회력이 정한 시기에
해도 무리는 없습니다. 한 해의 절반을 보내고 그동안 얼마나
감사의 마음을 품고 사랑을 베풀고 살았는지 점검하는 소중한
기회라고 생각합니다.

잘 알려진 대로 추수감사절은 미국에서 처음 시작되었습니다.
우리나라에서는 경기도 여주의 몇 교회에서 1902년 10월
5일에 최초의 추수감사예배를 드린 것으로 기록되어 있습니다.
미국에서 지키는 추수감사절은 유월절을 연상시키는 기억과
감사의 모티브가 있고, 국가와 가정, 문화가 의례 안에서
만난다는 점에서 성공적으로 교회력 속에 안착한 사례입니다.

추수감사절의 기원이 깊은 감동을 선사하고 나름의 가치가 있음은 분명한 사실입니다. 지금과 같이 11월에 추수감사절을 지켜도 큰 무리는 없지만, 기억과 감사의 주제만이 아니라 계절로도 추수감사절은 우리의 한가위 명절과 가장 잘 어울립니다. 참고로 한국 교회에서 부르는 감사절 찬양들도 추수 때를 염두에 둔 것들이 대부분입니다. 추수 감사의 정서는 남겨두되 우리의 달력에 변화를 주어 가정까지 의례의 범위를 확대시킨다면 더욱 풍성한 예배와 나눔이 이루어지지 않을까 기대해 봅니다.

감사절은 창조와 구원의 하나님께 감사하고, 감사하는 존재로서 성도의 정체성을 확인하는 절기입니다. 예배학자 돈 샐리어스(Don E. Saliers)는 아우구스티누스의 질문, "주님, 나의 기억 어느 곳에 당신이 거하십니까?"를 인용하면서 인간의 기억 속에 거하시는 주님의 실존을 통해 우리 삶에 담긴 은총의 거룩성과 급진성을 제시합니다. 즉 주님에 대한 기억은 우리의 삶에 새로운 방향을 제시하고 총체적인 변화를 일으켜 그분의 '고통과 소망과 기쁨'에 참여하도록 인도한다는 의미입니다. 감사의 회복은 우리의 정체성의 회복으로, 그리스도의 희생에 대한 기억은 우리의 결단으로 자연스레 이어질 수밖에 없습니다. 우리의 예배와 신앙생활에서 반드시 필요한 부분이라고 생각합니다. 우리 힘으로 이룩한 알량한 성과와 숫자에 열광하거나 우리가 더 가진 것으로 인한 교만 혹은 이웃과의 비교를 통해 안위를 받는 차원이 아닌, 전(全)존재적 변화를 담은 고백이 필요하다는 뜻입니다. 따라서 감사절의 주제와 내용은 교회의 공공성, 환대와 배려의 정신, 삶의 우선순위 문제, 기억을 통한 구원의 되새김 등을 포괄합니다. 이처럼 중요한 절기이기에 주님의 은혜를 생각하고 스스로를 돌아보는 기회가 되기를 빕니다.

25. 다른 중요한 절기는 없나요?

교회의 절기 중에서 우리에게 다소 낯선 전통들이 있습니다.
물론 반드시 지켜야 하는 것은 아니지만 역사적, 신학적,
전적으로 의미 있는 절기들이기에 기억해두고 선용하면 좋을
것입니다.

순교자들에 대한 존경과 그들의 삶을 기억하는
의미에서 탄생한 만성절(All Saints' Day)은 주후 4세기 초에
동방정교회에서 시작한 것으로 추정됩니다. 주후 835년
그레고리 4세는 매년 11월 1일을 서방교회 전체가 기념하는
만성절로 지정했습니다. 순교자의 숫자가 줄어들게 되면서
만성절의 대상이 점차 확대되고 이제는 세례 받고 이 세상을
떠난 교인들을 기억하는 예식으로 자리 잡게 되었습니다.
만성절의 의미를 되살리기 위한 노력은 지금도 이어지고
있습니다. 미 장로교와 감리교의 예식서에는 이 세상을 떠난
이들을 추모하여 그들의 이름을 부르고 함께 기도하는 순서가
담겨 있습니다. 우리나라에서는 극소수 개신교회가 만성절을
기념하고 예배를 드립니다만 가정이나 교회에서 드리는 조상에
대한 추모의 예식이 서구의 만성절과 그 의미와 내용에서 매우
유사합니다.

종교개혁주일은 종교개혁자 루터(Martin Luther, 1484-1546)가
1517년 10월 31일 독일 비텐베르크 교회(All Saints' Church in
Wittenberg) 정문에 95개 조항의 반박문을 붙인 것을 기념하는

날로 매년 10월 마지막 주일에 지킵니다. 종교개혁의
본격적인 신호탄이 된 95개 조의 반박문은 상징적인 의미가
큽니다. 가톨릭교회의 관행과 가르침을 비판하였을 뿐만
아니라 진정한 권위는 제도나 교리가 아닌 성경에 있음을
선포했습니다. 종교개혁은 하나님의 전적인 은혜와 믿음으로
말미암은 구원과 같은 잃어버린 복음의 기본적인 가치를
회복하려는 거룩한 열망의 구체적 표현이자 기독교의
본질적인 내용을 되살리고자 분투했던 역사적인 사건입니다.
종교개혁주일은 이러한 종교개혁의 역사적 이유와 의미를
되돌아보며 신앙생활에서 무엇이 진정 중요한 것인지 진지하게
성찰하는 시간입니다.

삼위일체주일은 삼위 하나님에 대한 믿음을 되새기는 기회로
성령강림주일 다음 주일에 지킵니다. 통상 교회력이 예수
그리스도의 생애를 기준으로 하는 것과는 달리 신학적인
내용을 기반으로 한다는 면에서 독특한 절기라고 할 수
있을 것입니다. 성경에도 '아버지와 아들과 성령의 이름으로
세례를 주라'(마 28:19)는 말씀을 통해 세례예식에서의 삼위일체
하나님에 대한 고백이 등장하거니와 삼위하나님에 대한
고백은 초대교회로부터 이어져 온 예배와 교회의 오래된

전통입니다. 이런 이유로 특정한 날을 정할 필요가 없었기에 삼위일체주일은 비교적 늦게 교회력에 자리를 잡습니다. 역사적으로 1030년 클루니 수도원에서 삼위일체축일을 지킨 것이 가장 오랜 기록이며, 1334년 교황 요한 22세에 의해 공식적으로 성령강림절 다음 주일로 정해집니다. 성령이 임재하시고 삼위하나님에 대해 분명하게 알 수 있게 되었다는 것이 그 이유라고 전해집니다. 삼위일체주일은 우리가 누구를 믿고 있으며 고백하는지 분명하게 확인하는 절기로, 우리의 신앙을 되돌아보는 시간이며 우리의 삶에서 삼위일체 하나님의 존재 방식을 따라 어떻게 균형과 조화와 협력을 이룰 것인지에 대해 숙고하는 기회도 될 것입니다.

주현절(主顯節, Epiphany)은 주님이 나타나신 날이라는 의미로 공현절(公現節 "공식적으로 나타난 날")로도 불립니다. '주현(ephipany)'은 나타남을 의미하는 헬라어 에피파니아(ἐπιφάνεια, epipháneia)에서 유래했습니다. 주현절은 성탄절보다 더 오래된 기념일로, 성탄 후 13일째 되는 매년 1월 6일에 지키는데 2세기 초 이집트와 소아시아에서 성육신을 기념하는 축제에서 기원한 것으로 알려졌습니다. 서방교회에서는 예수님의 탄생과 인간성을 강조하며 주현절에 주로 동방박사들이 예수님께 경배를 드렸던 사건을 기념했습니다. 동방정교회에서는 예수님의 탄생과 세례, 가나의 혼인잔치에서 있었던 예수님의 첫 번째 기적을 기억하며 축하합니다. 유럽 일부 지역에서는 성탄절 후 주현절까지 주님의 오심을 축하하며 매일 모임을 갖기도 합니다. 현재 많은 개신교회들이 1월 1일 이후 첫 주일이나 1월 6일에서 가장 가까운 주일을 주현주일로 삼아 축하 예배를 드리고 관련된 행사를 하기도 합니다. 참고로 동방정교회는 1월 6일을 주현절이자 성탄절로 지키고 있습니다. 주현절은 주님께서 우리에게 자신을 내어주시고 보여주신 것을 기념하며 그분의 은총을 기억하는 복된 기회입니다.

세계성찬주일은 매년 10월 첫 번째 주일로, 전 세계의 모든

기독교인들이 함께 주님의 살과 피를 먹고 마시며 주님의 몸
된 교회의 지체임을 확인하고 감사하며 축하하는 주일입니다.
역사적으로 세계성찬주일은 1936년 미 장로교회[Presbyterian
Church(USA)]에 의해 시작되었습니다. 1940년 전미 기독교
협의회가 교회력에 포함하도록 결정하였고 전 세계의 수많은
교회들이 적극적으로 동참하며 오늘에 이르게 되었습니다.
서로의 다름을 인정하되 그리스도 안에서 하나가 된다는
사실을 기억하고, 빵과 포도주를 먹고 마심으로 그 거룩한
연합을 확인한다는 측면에서 의미심장한 절기라고 할 수
있습니다.

우리는 교회가 어떻게 하나님의 섭리의 흔적을 역사와 예배
속에 남겨왔는지 다양한 절기들을 통해 발견할 수 있습니다.
물론 이러한 절기를 철저하게 지키는 교회와 그렇지 않은
교회들이 존재하고, 축하하고 기념하는 방식 또한 교단과
지역에 따라 다양성을 갖습니다. 성도들의 신앙의 고양을 위해
공동체의 필요에 따라 지혜롭게 사용한다면 분명히 유익이
있을 것입니다.

성찬과 세례

26. 성찬식의 의미는 무엇인가요?

성찬식은 대부분의 개신교회에서 예수님의 명령으로
여기며 지키고 있는 예전입니다. 주님과 제자들과의 마지막
만찬을 기념하는 이 예식에 대해 여러 가지 설명이 있지만
세계교회협의회 '신앙과 직제 위원회'에서 만든 리마
문서(Lima Document, 1982)가 이야기하는 성찬의 내용과 의미를
소개하겠습니다.

첫째, 성찬식은 주님께서 하신 것처럼 성부 하나님께 감사하는
예식입니다. 감사는 우리가 피조물로서 하나님께 드리는
예배의 내용이자 성도의 특권이며 의무입니다.

둘째, 성찬식을 통해 예수 그리스도의 희생을 기념합니다.
성찬에서 나누는 빵과 포도주는 우리로 하여금 주님의
희생과 사랑을 생생하게 기억하도록 돕습니다. 성찬식에서
'기념(아남네시스, anamnesis)한다'는 표현은 옛날에 있었던 사건을
떠올리는 통상적인 기억이 아니라 생생하게 되살려서 과거와
현재를 연결시킨다는 의미입니다.

셋째, 성찬식에서 우리는 성령의 임재를 기대하고 맛보게
됩니다. 우리를 주님께로 이끌고 주님의 임재를 느낄 수 있도록
돕는 존재가 바로 성령입니다. 우리의 이성으로는 도저히
깨달을 수 없는 신앙의 신비가 성령의 도우심 가운데 우리에게
열리는 것입니다.

넷째, 성찬식은 성도의 교제입니다. 성찬식에 참여한 사람들은 주님의 만찬 현장에 가서, 그분의 말씀을 듣고 그분과 친밀한 교제를 나누며 회복과 일치의 경험을 하게 됩니다. 예수님께서 세리와 죄인들을 초대해 베푸신 식사를 생각해보시기 바랍니다. 당시로서는 상상조차 할 수 없던 반전이었습니다. 구별과 차별이 보편화된 세상에서, 누군가는 결코 경험할 수 없었던, 용서와 포용의 감격이 넘치는 만남이었습니다. 세례가 모든 차별이 사라진 새로운 세상으로의 초대라면 성찬은 같은 빵과 포도주를 함께 먹고 마심으로 평등과 환대를 경험하는 축제의 구현입니다. 스코틀랜드 신학자 던컨 포레스터(Duncan B. Forrester)는 성찬이 정결함과 부정함의 장벽이 무너지는 곳이며, 차별 없이 만나 교제하며 구원을 이루는 장(場)이라고 설명합니다.

다섯째, 성찬식에서 천국잔치를 기대하며 미리 맛보게 됩니다. 프롤렙시스(prolepsis)라는 단어를 사용하는데, 미래에 있을 천국 잔치를 기대하며 성찬식을 통해 미리 경험한다는 뜻입니다.

26

성찬의 의미와 방식에 대해 다양한 견해가 있지만, 성찬 때마다 주님과 더불어 빵과 포도주를 먹고 마시며 그분의 모습을 되새기고 일상에서 그분을 품는 거룩한 기념(remember)은 교회들이 공감하고 동의하는 성찬에 대한 보편적 이해입니다.

성찬식에서 빵을 먹고 포도주를 마실 때마다 생명을 내어 주신 주님의 사랑이 다시 생생한 기억으로 우리 심장에 담기고 일상에서 생명의 호흡으로 작동하는지요? 혹여 아무런 감동이나 영향도 주지 못하는 형식적 의례의 답습이거나 일상과 괴리된 과거의 빛바랜 사건으로 폄하되고 있진 않은지요? 그렇다면 오늘 우리는 어떻게 주님 다시 오실 때까지 천국 잔치의 소망을 품은 성례전적 존재로 살아갈 수 있을까요? 탕자의 벅찬 마음이, 그를 감싸 안은 아버지의 무너진 마음이, 그리고 주님 앞에 겸손할 수밖에 없는 세리와 죄인의 마음이 우리에게 필요합니다. 우리를 구원하신 주님의 사랑에 감사하며, 예수 그리스도의 희생을 분명하게 기억하며, 겸손히 성령의 도우심을 구해야겠습니다. 아름다운 교제를 위해 우리 안에 견고하게 쌓아 올린 교만과 배제의 장벽을 허물고 온갖 차별의 경계선을 지워야 합니다. 자신을 기꺼이 선물로 내어 주신 주님을 따라 우리 자신이 빵과 포도주처럼 쪼개지고 나누어질 때, 그 사랑의 나눔이 있는 곳에 천국이 이루어지고 하나님이 함께하시며 천국 잔치의 진수가 베풀어질 것입니다.

27. 성찬식 참여 자격이 있나요?

성찬식 참여 자격에 대해 다양한 의견이 있습니다. 가장 보편적인 기준은 세례 여부입니다. 세례를 기준으로 하되 일정한 나이를 정하여 성찬식 참여를 제한하는 경우가 대부분입니다. 그러나 이러한 일반적인 기준 외에도 윤리적 잣대처럼 수많은 경계선이 있었습니다. 성찬이 '구분을 차별로 이어지게 하는 배제의 징표'가 되기도 했습니다. 따라서 성찬의 임재 방식에 대한 논쟁이나 자격 여부를 판단하는 기준을 만들기보다는 성찬의 깊은 의미를 서로 나누고 어디서나 자주 거행하는 것이 바람직하다고 생각합니다.

안타깝게도 성찬의 역사를 보면 끊임없이 차별과 소외가 이루어져 왔고 심지어 편견과 갈등도 적지 않았습니다. 예를 들어 중세 가톨릭교회에서는 성당에서 사제와 평신도의 공간을 분명하게 나누어 놓았습니다. 어처구니없는 일이지만 사제들이 성찬식 중에 빵과 포도주를 들고 보일락 말락 자신을 드러내며 신비감과 차별성을 두려고 했습니다. 오죽하면 성도들이 자신들이 잘 볼 수 있도록 빵과 잔을 더 높이 들어달라고 요청까지 했을까요? 중세 가톨릭 사제들이 자신들만의 공간을 어떻게 독점해왔는지, 거룩한 구별이 어떻게 소외와 차별로 왜곡되고 훼손되었는지를 어렵지 않게 발견할 수 있습니다.

중세 가톨릭만큼은 아니어도 개신교회 역시 성찬에 참여할 때의 자격 여부를 강조해 왔습니다. 물론 이렇게 참여 기준을 갖는 것은 나름 의미 있는 일입니다. 교회의 안전과 질서를 위해 일정한 기준을 두는 것은 분명히 유익이 있습니다. 성경에서도 우리 자신을 살피고 성찬에 참여해야 한다고 분명하게 말씀하고 있습니다(고전 11:27-29). 그러나 자격에 대한 지나친 강조는 구별을 차별로 왜곡할 가능성에 문을 열어주고 성찬의 본래 정신인 자격 없는 이들이 은혜로 누리는 무조건적 환대를 가로막습니다.

27

웨슬리 신학대학원 교수였던 로렌스 스투키는 성찬에 참여하는 이들의 자격 여부를 지나치게 강조하는 경향에 다음과 같이 일침을 가합니다. "누가 하나님의 은혜를 받기에 합당하단 말인가? 좀 더 엄밀히, 만일 합당하다면 은총이 무슨 필요가 있겠는가? 의미로 보자면 은총이란 합당치 않음에도 불구하고 주어지는 것이다." 스투키의 진의는 성도가 성찬에 참여하기 전에 자신의 영적, 도덕적 상태를 살피는 것이 불필요하다는 것이 아닙니다. 교회가 수찬자의 합당성, 즉 자격을 논하는 경계선 위에 존재하는 은혜의 보편성을 잃지 말아야 한다는 의미입니다. 미래의 배신자가 예수님께서 베푸신 식탁에 앉아 있을 수 있었던 것이 이 사실을 증명합니다.

성례전은 마술적인 효력을 발생시키는 무엇이 아니라 신비이며 선물이고 초청입니다. 이 은혜로의 부르심이야말로 성례전의 정의이며 내용이고 다른 요소들은 부차적인 것들입니다.
이런 시각에서 성찬의 장소, 방식, 집례자, 성찬 참여 자격은
사실상 예배의 다양성의 측면에서 살펴보아야 한다고
생각합니다. 어느 누가 자격을 갖추었기 때문에 성찬식에
참여할 수 있겠습니까? 성공회 캔터베리 대주교를 지낸 로완
윌리엄스(Rowan Williams)는 우리가 성찬에 참여할 수 있는
것은 "잘하고 있기 때문이 아니라, 그릇되게 행하고 있기
때문"이라고 말합니다. 우리 모두는 주님 앞에서 그분의 은혜가
아니면 도저히 살아갈 수 없는 존재입니다.

28. 성찬과 애찬은 어떻게 다른가요?

애찬(愛餐)은 헬라어 아가페(ἀγάπη, agapē)에서 유래한 것으로, 예수 그리스도의 사랑을 따라 차별 없이 함께 먹는 사랑의 잔치(agape meal)입니다. 예수 그리스도께서 제자들과 더불어 격의 없이 식사하신 것이나 군중들을 위하여 기적을 베푸신 사건과 연결됩니다(막 6:34-44; 8:1-9). 초대교회 시절 아마도 과부, 고아 등 도움이 필요한 이들을 위해 베풀었던 식사로 추정되나 교회 공동체가 예배 후 함께 나누었던 공동식사를 의미한다고도 볼 수 있습니다. 신약의 유다서 12절에 유일하게 직접적으로 애찬이라는 용어가 등장하는데, 거기서 "함께 먹는" 주체가 거짓 교사들인 것이 아이러니합니다. 아마도 사랑의 잔치에 불순한 의도를 가지고 접근하여 함께 식사를 나누었던 거짓 교사들이 당시에 많았던 것 같습니다.

초대교회에서는 성찬과 애찬 사이에 명백한 구분이 없었던 것으로 추측됩니다(행2:42,46; 6:1-2). 각자 집에서 애찬을 위해 식사를 준비해왔는데 자신이 가져온 것들을 조건 없이 나누는 일이 쉽지 않았을 것입니다. 덧붙여 초대교회의 자료를 보면, 함께 밥을 먹기는 하지만 누군가는 좋은 자리(트라이클리니움, triclinium 식탁이 있는 공간)에 앉고 다른 이들은 그저 그런 자리(아트리움, artrium, 현관 홀이나 안뜰의 공간)를 사용했습니다. 예기치 않게 음식이 모자라는 일도 생기고 공평하게 분배되지도 않았습니다(고전 11:18-22, 33-34). 차별 없이 공평하게 나누어 먹는 일은 예나 지금이나 참 쉽지 않은 일입니다.

문제가 심각했는지 교회는 애찬 대신 성찬식을 예배 안으로 가져와 의례화했고, 마침내 주후 220년 카르타고 공의회에서 성찬과 애찬이 완전히 나누어집니다. 불평등의 싹을 자르고 거룩한 식사의 나눔을 예배 속에서 정돈하여 성찬이라는 예전으로 정착시킨 것입니다. 그렇게 예배 가운데 성찬식을 함으로 경건하게 주님의 자기 주심을 경험할 수 있었습니다. 하나의 빵, 한 잔의 포도주를 나누어 먹고 마심으로 형평성의 문제도 해결되고 공동체성이 자연스럽게 커져갔습니다. 다소 무질서하여 본래의 정신이 퇴색되고, 앞서 인용한 유다서 말씀처럼 거짓 교사들의 방해도 있었던 애찬에 질서와 안전이 확보된 것입니다.

그렇다고 해서 애찬의 가치를 폄하할 수는 없습니다. 함께 먹는다는 사실 자체에 큰 의미가 있기 때문입니다. 애찬을 나누며 질서가 유지되고 서로 아낌없이 대접하는 자세를 잃지 않는다면 얼마나 좋겠습니까? 사실 이러한 목표를 가지고 역사적으로 수많은 공동체들이 소위 경건과 식사의 공존을 시도해왔습니다. 많은 교회들이 예배를 마치고 공동식사를 하는 것이 애찬의 현대적인 실천이라고 할 수 있습니다. 성찬과 애찬의 비교를 통해 우리는 서로의 영역이 비슷하면서도 다르다는 것을 확인할 수 있습니다. 성찬은 성찬대로 거룩한 예전으로서 깊은 의미를 내포하며, 애찬 역시 사랑의 나눔이라는 가치가 분명하게 드러나는 아름다운 전통입니다.

성찬과 애찬 사이에 상호 유사한 점도 발견할 수 있습니다. 성찬과 애찬이 공통적으로 지향하는 가치는 나눔과 환대입니다. 이기적인 욕심으로 독점되는 현실에 대한 안타까운 마음을 공유합니다. 경작과 수확과 조리와 나눔의 과정에 담긴 피와 땀이, 빵과 포도주와 우리의 음식에 담겨 있음을 인식합니다. 식구가 되어 함께 나눌 수 있는 기회를 가진 것 자체가 은총임을 고백하고 감사를 나타냅니다. 무엇보다 예수님께서 나누신 식사 자리를 기억하는 자세가 필요합니다. 더불어 예배에서 이루어지는 성찬의 기쁨과 감격이 일상의 애찬에서도 이루어지기를 기도합니다. 예수님의 식탁에서 이루어진 배려와 환대와 반전이 우리의 성찬과 애찬에서도 이루어지기를 소망합니다. 누구나 환대받는 잔치에 대한 주님의 말씀이 생각납니다. "잔치를 베풀거든 차라리 가난한 자들과 몸 불편한 자들과 저는 자들과 맹인들을 청하라"(눅 14:13).

29. 성찬식에는 어떤 빵과 포도주를 사용하나요?

성찬식에서 사용하는 빵은 소량이어야 하고 맛이 없어야 한다는 의견이 많습니다. 이 견해는 나름 일리가 있지만 개신교회 내의 신학적, 예전적 이해가 매우 다양함을 감안하면 보편성에서 아쉬움이 없지 않습니다. 성찬에서 사용하는 빵에 대해 미 장로교회[Presbyterian Church(USA)]가 다음과 같이 구체적으로 안내합니다.

> 빵의 맛과 좋은 상태는 중요합니다! 시편 기자는 우리를
> "너희는 여호와의 선하심을 맛보아 알지어다"(시 34:8)라고
> 표현하며 초대합니다. 전통적으로 서방교회에서 밀(wheat)
> 로 빵을 만들었는데 옥수수, 쌀, 보리로 만든 단순한 빵들이
> 다른 문화 전통에서는 매우 적절할 것입니다. 어떤 경우이든,
> 성찬식에서 사용하는 빵은 맛이 좋아야 하고, 구미를 동하게
> 하며, 심지어 약간 단맛이 나면 좋겠습니다. 성찬식의 빵은
> 기독교인들의 삶에 기본적인 영양을 공급하는, 그리스도의
> 몸이라는 가장 중요한 상징성을 왜곡하거나 혼란을 주지
> 않도록 소박(simple, 단순)해야 합니다. 설탕이나, 견과류,
> 건포도나 허브(herb)는 지나치게 첨가하지 말아야 할 것입니다.

저는 '보기에도 좋고 건강에도 좋으며 기왕이면 맛도 훌륭한 정성스럽게 만든 빵'을 권합니다. 성찬식을 위한 양질의 빵을 준비하려는 사려 깊은 선별 과정이 있으면 좋겠습니다. 교회에서 직접 빵을 만들면 좋겠지만 그럴 형편이 되지 않으면

신뢰할 만한 곳을 정해놓고 필요할 때마다 주문하는 것도
바람직한 방법입니다.

성찬식에서 사용하는 빵을 준비할 때 최근 새롭게 고려해야 할
기준이 있다면 그것은 교우들의 특별한 상황입니다. 생각보다
많은 이들이 특정 음식이나 재료에 과민반응(Allergy)을
보입니다. 글루텐(gluten, 곡물에 있는 불용성 단백질)에 과민반응을
보이는 성도들을 위해 미 연합감리교회(United Methodist Church
of USA)는 글루텐이 포함되지 않은 빵의 사용을 권유합니다.
성도들이 불편할 수 있는 상황을 미리 살펴서 빵에 어떤
재료가 들어가지 말아야 하는지 세심하게 점검하고 사랑의
마음으로 준비해야 합니다.

포도주는 형편이 허락한다면 교회에서 직접 담그면 좋겠지만
그렇게 하지 못한다면 되도록 알코올 도수가 낮은 것으로
선택하기를 바랍니다. 당도가 지나치게 높은 포도주도
추천하지 않습니다. 흔한 경우는 아니지만, 성도 중에
알코올 중독의 문제나 거부반응을 가지고 있는 이가 없는지
살펴보아야 합니다. 성찬에 미성년자가 참여할 경우에는 더
세심한 주의가 필요합니다. 만약 포도주를 반드시 사용해야
한다면 알코올이 없는 포도즙도 따로 마련하여 성도들이
불편 없이 참여하고 마실 수 있도록 배려하면 좋을 것입니다.
혼란을 미연에 예방하기 위해 포도주와 포도즙을 구분하여

따로 나누는 교회들도 있습니다. 언뜻 사소해 보이지만 이미
언급한 대로 이는 성찬 참여자들의 형편에 대한 고려와 존중의
표현이므로 교회에서 진지하게 적용해보기를 권고합니다.
불가피한 처지에 있는 성도들을 보살피는 것은 목양적인
과제이며 '환대'와 '배려'의 문제입니다. 덧붙여 빵과 포도주
혹은 포도즙을 준비할 수 없는 특수 상황에서는 교회 형편에
따라 다른 재료를 사용할 수도 있습니다. 이런 경우 그리스도의
몸인 교회의 지체답게 너그러운 자세로 유연성을 갖고
바라보기를 소망합니다.

30. 남은 성찬빵과 포도주는 어떻게 하나요?

성찬식 후 빵과 포도주를 교회마다 조금씩 다른 방식으로
처리합니다. 옛날에는 빵과 포도주의 보관이나 처리 시설이
미비했던 탓에 남은 것을 땅에 묻는 것이 좋은 방법이었지만,
현대에는 재활용이나 음식물의 적절한 처리와 상충되는
부분이 있습니다. 따라서 초대교회에서 그렇게 했으니 오늘
우리도 그대로 해야 한다는 부담보다는 현재의 시선으로 빵과
포도주 준비와 처리 문제를 바라보면 좋겠습니다.

우선 교회의 전통적인 이해를 살펴보겠습니다. 주후 3세기
초 로마 감독 히폴리투스(Hippolytus)의 《사도전승》에서는
"불신자나 쥐나 다른 짐승이 성찬에서 사용한 빵과
포도주(eucharist, 좋은 선물. 기존 번역: 성체)를 먹는 일이 없도록
유의할 것이며 어떤 것도 떨어뜨리거나 잃어버리는 일이
없도록 해야 한다"라고 말합니다. 포도주에 대해서는 "잔을
쏟아 이질적인 영이 그것(주님의 보혈)을 핥게 되는 일이 없도록
조심할 것"을 강조합니다.

《사도전승》 외에도 많은 자료들이 빵과 포도주를 소중하게
다루었고 성찬 후 처리에 대해 각별한 관심이 있었음을
분명하게 보여줍니다. 참고로 가톨릭교회에서는 트렌트
공의회에서 결정한 대로 포도주는 사제들이 모두 처리하고
성찬식 후 남은 빵은 성당에 설치한 감실에 보관합니다.
개신교회의 경우 다양한 성찬 신학을 가지고 있기에

초대교회의 자료들을 참고하되 시대적 상황이 현격하게 달라졌음을 감안하여 처리하는 것이 바람직합니다. 음식물의 보관이나 처리 방법이 과거와는 달라졌기 때문에 문화적, 생태적 이해의 변화도 감안해야 합니다. 따라서 다음과 같이 처리할 것을 제안하니 교회에서 유연성을 가지고 적용하기 바랍니다.

첫째, 성찬에 참여한 이들이 먹기에 알맞은 적당한 양을 준비합니다. 성찬식에서 집례자가 빵을 직접 떼어 주면 양을 조절하기 용이할 것입니다.

둘째, 예배에 참석하지 못한 이들을 위해, 환우나 특별한 사정이 있는 이들이 나중에 개별적으로 받을 수 있도록 남은 빵과 포도주를 사용하도록 합니다. 냉장 시설의 발전에 따라 저장이 용이하다고 해도 가급적 빨리 처리하는 것이 좋습니다.

셋째, 불가피하게 남은 것은 되도록 목회자들이 먹습니다. 개인적으로 당회원들이나 교우들이 삼삼오오 모여서 먹는 것은 권유하고 싶지 않습니다. 공개적인 장소에서 다른 음식물 처리하듯 하지 말고, 기도하는 마음으로 조용한 장소에서 신중하고 경건하게 하기를 바랍니다.

넷째, 남은 것을 무리해서 먹거나 마시지 말고 정해진 장소에

묻으시기 바랍니다. 만약 법에 저촉되는 등 땅에 묻는 것이 여의치 않다면 환경을 더럽히지 않도록 격리된 장소에서 깔끔하게 처리합니다. 음식물 처리에 있어서는 정해진 법을 따라야 합니다.

다섯째, 성찬 후 남은 빵과 포도주를 교회 마당의 나무에 거름으로 사용하는 등 창조적인 처리 방법들이 제기되고 있는데 이 또한 긍정적으로 고려해볼 만합니다. 노파심에서 덧붙이자면, 빵과 포도주가 자동적으로 퇴비가 될 수는 없기에 적합한 처리시설이 선결 조건임을 명심하시기 바랍니다.

빵과 포도주에 대한 생각이 다르고, 처리방식에 차이가 있다고 해서 크게 문제가 될 것은 없습니다. 일반적인 빵과 포도주와는 사뭇 다른 방식으로 취급해야 한다는 사실에는 이견이 없을 것입니다. 하나님께서 자신을 직접 선물로 주신 성례전의 은혜를 빵과 포도주라는 매개 혹은 상징을 통해 모든 하나님의 백성들과 공유하는 것이 무엇보다 중요합니다. 주님의 식탁에 모여 서로 환대하고 위로하며, 그분의 희생을 기념하고, 기쁨으로 먹고 마시며 천국의 잔치를 미리 경험하는 복된 성찬의 과정 속에, 준비부터 처리까지 모든 순간순간마다 주님의 은혜에 대한 신실한 고백과 감사가 가득하기를 소망합니다.

31. 교회에 다니려면 꼭 세례를 받아야 하나요?

세례는 기독교인이 되었음을 공식적으로 인정받고 알리는 매우 중요한 예식입니다. 사도바울은 세례를 예수 그리스도의 죽음에 참여하는 것이라고 했고, 그분의 죽음에 참여한 사람은 부활에도 참여할 수 있다고 했습니다. 결국 '주님과의 연합'이라 할 수 있습니다(롬 6:3). 세례는 이전의 삶에 대한 회심과 청산의 예식이자(행 2:38; 22:16), 하나님 안으로 잠겨 들어가 그분과 교제하며 그분 뜻대로 살고자 하는 새로운 삶의 출발을 선언하는 시간입니다. 이전의 나는 죽고 새로운 인생이 시작되는 것입니다.

초대교회 성도들은 세례 예식 준비에 만전을 기했습니다. 주후 3세기 초 터툴리안은 신자들에게 부활절 아침의 세례 예식을 위해 무릎 꿇고 겸손히 밤새도록 기도하고, 철저한 금식과 영성 훈련으로 준비하라고 말했습니다. 비장함마저 느껴집니다. 로마의 감독이었던 히폴리투스는 주후 3세기 초 《사도전승》에서 세례를 받기 위해서는 3년 동안 철저한 교육을 받아야 한다는 기록을 남겼습니다. 부활절 아침의 세례는 첫 성찬식으로 이어지며 모든 교우들이 참여하는 공동체 전체의 예식으로 마무리되었습니다. 세례는 진지하면서도 감격이 넘치는 예식이었던 것이 분명합니다. 그들에게 세례를 받는다는 것은 사실 유서를 쓰는 것과도 같았습니다. 살생부에 자신들의 손으로 직접 서명한 셈입니다. 살생부가 사실은 생명록이었음을, 죽음 뒤에 존재하는 부활의 역설적인 신비를 그들은 알고 있었던 것입니다.

초대교회로부터 교회는 물이라는 상징을 통해 세례에 담긴
깊은 의미를 환기시켰습니다. 초대교회의 세례 시설은 많은
경우 십자가 모양으로 깊게 파서 내려갔다가 올라오는
구조였습니다. 그리스도와 함께 죽고 함께 산다는 세례의
의미를 가시적으로 표현한 것입니다. 팔각형으로 된 세례탕도
많았는데 이는 한 주(7일)가 끝나고 새로운 주가 시작되었음을
상징적으로 나타낸 것으로, 새로운 창조, 새로운 자아의
탄생을 의미합니다. 또한 세례 후 평화의 입맞춤을 나누고 첫
성찬에 참여하면서 이제 주님 안에서 한 형제자매가 되었음을
몸소 경험합니다. 남녀노소, 빈부귀천의 구별이 사라진,
같은 장소에서 같은 음식을 먹고, 같은 마음, 즉 그리스도의
마음을 품은 급진적인 평등 공동체의 일원이 된 것입니다(갈
3:28). 우리의 세례에도 그런 거룩하고 소중한 의미들이 오롯이
담기면 좋겠습니다.

31a

로완 윌리엄스는 세례를 일컬어 '예수님과 더불어 심연(深淵)에
들어서는 것'이라고 표현합니다. 그가 말하는 '심연'은 인간이
맞서야 하는 외적·내적 혼돈을 의미하기도 하고, 그 절망과
처절함을 넘어 주님과 깊고 성숙한 사랑의 사귐의 자리로
나아가는 것을 뜻하기도 합니다. 세례를 통해 주님과 동행하는
'참된 인간의 모습을 회복'하게 됩니다. 이렇게 세례를 받은

이들은 그리스도의 마음을 품고 차별과 반목이 아닌 평등과
환대로 하나가 되고(갈 3:28), 계속해서 주님과 동행하면서
주님이 사셨던 방식을 따르게 됩니다. 주님의 죽음과 부활에
동참하는 존재로서 이전과는 다른 수준의 삶을 살아가게 되는
것입니다.

어떤 이가 죽었다가 살아났다고 해봅시다. 아마 순식간에
유명인사가 되겠지요. 한번 죽음을 경험했으니 여생은 반드시
다른 자세로 살겠다고 단단히 다짐할 것입니다. 세례는 새로
태어나는 생명의 신비를 경험하는 것입니다. 죽을 수밖에
없고, 죽어 있었지만 새로운 생명으로 태어나게 하시고 새로운
생명으로 살게 해주신 그 은혜, 그 사랑을 기억하는 것은
복이자 의무입니다. 그러므로 교회에 다니기로 결심하셨다면
당연히 세례를 받으시기를 권고합니다. 그것은 성도의
영광이며 특권이기 때문입니다. 더불어 세례 받은 성도로서 그
의미를 평생 가슴속에 새기고 살아가기를 바랍니다. 세례의 그
깊고 오묘한 의미를 매일 숙고하며 예수 그리스도와 동행하는
삶 사시기를 소망합니다.

32. 신앙을 고백할 수 없는 유아가
세례를 받아도 되나요?

성서에 유아세례의 직접적인 근거는 없습니다. 그러나 온
가족의 세례로 미루어 유아세례가 있었다고 짐작할 수는
있습니다. 바울이 간수와 가족들에게 세례를 주는 사도행전
16장 이야기와 고린도전서 1장 16절에 나오는 스데바나
집 사람에게 세례를 베푼 것이 간접적인 증거입니다. 당시
가족들은 집안에 속한 모든 구성원을 의미하기에 유아세례의
가능성이 있다는 뜻입니다.

종교개혁자 루터와 칼뱅은 하나님의 사랑과 구원의 범주라는
차원에서 유아세례를 다룹니다. 모든 죄인들이 구원의
대상이기에 유아들도 세례에서 예외일 수 없다는 입장입니다.
예수님께서도 아이들을 환대하셨고 아이들에게도 하나님께서
허락하신 은혜로 말미암아 엄연히 자격이 있다고 하셨습니다.
하나님의 주권적인 은혜를 인간이 나이라는 잣대로 제한할
수 없다는 의견도 있습니다. 은혜의 보편성, 은혜의 포용성의
측면에서 세례를 이해한 것입니다. 부모가 양육 과정에서
헌신을 다짐한다는 측면에서 신앙의 계승이라는 가치도
발견할 수 있습니다.

반면에 재세례파는 각자 자유의지에 따라 신앙을 고백하고
하나님을 영접해야 한다고 주장하면서 다음과 같은 이유로
유아세례를 반대합니다. 첫째, 신약성서에 유아세례의
증거가 없고, 둘째, 사도들이 유아세례를 지지했다는 증거도

없으며, 셋째, 믿음이 세례에 선행되어야 하고(막 16:16), 믿음을
공동체에서 공개적으로 고백하는 것이 옳다는 것입니다.
칼 바르트도 이와 유사한 견해입니다. 유아세례가 성서에
근거가 없고, 태어남으로 자동적으로 세례 받는 것은 잘못된
생각이며, 세례와 제자도의 관계를 생각할 때 유아세례는 옳지
않다는 겁니다.

세례에 대한 이해에는 이처럼 다양성이 존재합니다. 영유아와
어른 모두 죄인이기에 누구나 세례를 받을 수 있다는 의견부터,
개인적인 신앙의 고백과 결단이 중요하기에 성인만이 세례를
받아야 한다는 주장이 지금까지 공존합니다. 전자는 하나님의
은총의 보편성과 환대 차원에서 가치가 있고, 후자는 구별된
성도의 거룩한 삶과 자유의지에 의한 결단을 강조한다는
면에서 깊은 의미가 있습니다. 어떤 공동체는 유아세례를
부모가 아이에게 주는 일종의 선물처럼 여기면서 크게 의미를
부여하지 않기도 합니다. 성인이 되어 어차피 스스로 선택할
것이라 생각하기 때문이지요. 헌아식을 통해 일종의 약속을
하고 나중에 성인 세례를 받게 하기도 합니다. 1982년에
나온 리마 문서에서도 이 문제에 확실한 결론을 내리지 않고

교회의 오랜 전통이라는 표현을 사용합니다. 그만큼 예민하고 난해한 문제라는 뜻이겠지요. 최근에는 장애인 세례와 성찬 참여 논의가 계속되면서 신앙고백의 수준과 세례 자격에 대한 논의가 보다 전향적인 입장에서 이루어지고 있습니다. 아동 세례의 나이도 점차 낮아지는 추세입니다.

그렇다면 언제 어떻게 세례를 받으면 될까요? 이는 교회와 개인의 선택에 달려 있습니다. 물에 잠기는 것이 상징적으로는 세례의 의미를 잘 표현하지만 얼마든지 다양할 수 있습니다. 가장 중요한 것은 세례의 의미이며 성부와 성자와 성령의 이름으로 세례를 베풀고 교회 공동체가 함께 참여하는 것이 필수 요소일 것입니다.

어떤 형식으로 언제 세례를 받았건 세례의 은혜와 의미는 동일합니다. 인간이 마주하며 감내해야 할 고통과 죽음의 심연을 가슴 깊이 인식하고 있는가? 주님과 동행하는 새로운 삶이 열릴 것이라는 소망을 품고 있는가? 다시 태어난 새로운 존재로서 책임 있는 삶을 살아가고 있는가? 세례반 앞에 서서, 혹은 이웃의 세례 예식에서 우리 마음의 끈을 고쳐 매고 물어보아야 합니다.

33. 성찬식은 목사님만 집례할 수 있나요?

전문적으로 예배를 담당하는 이들이 있으면 예배 질서를 유지하고 경건성을 살리는 데 큰 도움이 될 것입니다. 레위 지파에게 전적으로 제사를 맡겼던 구약의 전통을 기억해 보십시오. 대다수 개신교회에서 집례자(사회자)가 예배를 진행하고, 설교도 하고 성례전도 집전하기 때문에 아마도 전체적인 예배 인도는 안수받은 목사만이 하는 것으로 자연스레 생각하는 듯합니다. 특별히 성례전의 경우, 거룩하게 구별된 예식이라는 이해가 보편적이라서 안수받은 목사만이 거행하도록 많은 교회들이 규정하고 있습니다. 순교자 저스틴(Justin Martyr)이 교회의 지도자가 집례할 것을 권고한 것이 역사적인 증거입니다. 물론 당시에는 요즘과 같은 안수 제도가 분명하게 존재하지 않기에 '지도자'에 대한 해석은 다양할 수 있습니다.

성찬 집례자가 목회자가 아니어도 된다고 하는 교회도 있고 어떤 교단에서는 성찬 집례를 평신도에게 위임하기도 합니다. 성찬식의 효력이 집례자가 아니라 오직 말씀에 의해 이루어진다는 개신교회의 입장을 고려하면 어느 정도 이해가 되는 부분입니다. 목회자만이 예배 인도와 성찬 집례를 독점하면 사제에게 절대적인 권위를 부여했던 종교개혁 이전으로 퇴행하는 것이 아니냐는 질문도 제기됩니다.

두 입장 모두 나름대로 신학적, 논리적 근거가 있습니다.

목회자가 예배를 인도하고 성찬을 집례할 경우 얻는 유익은 진지함과 안정성의 유지일 것입니다. 성찬의 의미와 집례에 대해 전문적인 교육을 받은 것이 아무래도 도움이 될 것입니다. 후자의 경우는 교회에서 전문사역자와 평신도를 엄격하게 구분하는 경계를 허물고 보다 많은 사람들이 사역에 참여하도록 독려하고 배려할 수 있는 장점이 있습니다. 안수받은 목회자가 없는 선교지 환경에서도 평신도에게 부여된 예배 인도와 성찬 집례의 역할이 도움이 되겠지요. 결국 선택의 문제일 것입니다. 개신교회는 직제에 있어서 다양성을 보장하고 있습니다. 같은 개신교단 내에서 확연히 다른 직제를 가지고 있다고 해서 잘못했다고 정죄할 필요가 없습니다.

33

사회자가 없는 예배도 가능합니다. 필자가 출석했던 교회의 예를 들자면, 1980년대 초반 담임목사님께서 주일 1부 예배에서 사회자가 예배 안내를 하지 않는 무언(無言) 사회를 시도하였습니다. 당시 필자는 몇 주 길게는 몇 달 동안의 혼란을 직접 지켜보면서, 주보가 있음에도 역시 구두 안내만큼 친절하고 효과적인 것이 없다는 생각을 했습니다. 그런데 몇 달 뒤, 교인들 사이에 긍정적인 평가가 늘어나는 반전이 일어났습니다. 어쩌면 적응한 것일 수도 있겠지만 불필요한 소리를 듣지 않아도 되어 좋다는 분들이 생기고, 사회자가 실수할까 걱정할 필요가 없어서 예배드리기 편해졌다고 말씀하시는 분들도 있었습니다. 시간이 흐르면서 오히려 예배에 대한 집중도가 높아지는 경험을 할 수 있었습니다.
사회자의 자세한 안내가 예배의 본질적 요소는 아니었고
오히려 예배 집중에 도움이 되지 않을 수도 있는 것입니다.

사회자 없는 방식이 절대적으로 옳다고 단정할 수는
없습니다. 또한 예배의 유형과 구조에 따라 인도자의 숫자와
진행방식에도 다양성이 존재합니다. 예를 들어 정교회에서는
음악을 인도하는 성직자의 역할이 대단히 중요합니다.
개신교회 중에서도 예전적인 교회들의 경우, 전체적인 진행을
자연스럽게 이끌어주는 분들의 역할이 매우 중요하지요.
절대적인 정답은 없습니다. 다만 예배는 공적인 모임이기에
전문성은 매우 중요한 덕목이며 누가 인도하든 일정 수준의
지식과 소양을 갖추는 것은 바람직할 것입니다.

하나님 앞에서 철저하게 준비하고 자연스러우면서도
은혜롭게 인도하는 것이 책임과 의무라는 사실은 분명합니다.
예배인도자나 성찬을 집례하는 이들은 특별한 권한이나
힘을 가진 것이 아니라 특별한 섬김을 맡고 있음도 잊지
말아야겠습니다.

진화하는 예배

34. 교회에 갈 수 없는 상황, 무엇이 옳은 예배인가요?

중세시대 흑사병이 창궐했을 때 안타깝게도 교회는 전염의
온상이 되었습니다. 함께 모이는 바람에 흑사병이 더 빨리
번진 것이죠. 사탄을 물리치겠다고 고문까지 가했다고 하니
측은하면서도 어이없는 일이 아닐 수 없습니다. 이후로는
교회에서 예배드릴 수 없는 불가피한 상황의 경우, 믿음의
선조들은 시간과 장소를 달리하여 예배를 드렸습니다. 루터는
1527년 전염병이 심각하게 돌았을 때 〈치명적 흑사병으로부터
도망칠 수 있을 것인가?〉라는 소책자를 통해 소독하고
격리하고 약을 먹으라 권고하면서 예배를 쉬기도 했습니다.

한국에 온 선교사님들의 경우에는 역병이 돌 때 지리산으로
들어가 자가 격리를 한 사례가 있습니다. 대략 1939년부터
1945년까지 신사 참배에 찬성한 교회들이 주일에 모여
찬양과 말씀에 앞서 궁성요배, 순국장병에 대한 묵도, 그리고
황국신민서사를 한 사례도 있습니다. 신앙적인 이유로 그
예배에 참석하지 않은 이들을 주일성수를 하지 않았다고
비판할 수는 없는 일입니다. 바벨론 포로기의 다니엘처럼
눈물을 머금고 혼자서 기도를 드렸던 이들을 생각해보시기
바랍니다. 앞서 언급했듯이 비록 성전에서 예배드리지
못하였으나 다니엘은 자신을 부르신 그곳을 거룩한 성전으로
만들었습니다.

성도가 교회에 모여 함께 예배드리지 못함을 아쉬워하고

안타깝게 여겨야겠지만, 교회 안에서 예배드리지 못한 것이
결코 정죄나 죄책감의 이유가 되어서는 안 됩니다. 온라인
예배가 궁극적인 예배라고 할 수 없고, 그것에 만족하여
지속하는 것을 적극적으로 추천하기는 어렵습니다만 그
가치와 의미를 완전히 무시하거나 정죄의 대상으로 여겨서는
안 됩니다. 우리는 안식일의 규례에 집착했던 유대인들과,
주일성수를 하도록 서로 감시하면서 주일을 지키지 못한
성도들에게 가혹한 형벌을 내렸던 일부 청교도들의 지독한
완고함과 폭력성을 알고 있습니다. 온라인 예배는 불가피한
상황에서의 대안적 예배로 활용 가능하다고 말할 수 있습니다.

34

덧붙여, 교회에 갈 수 없는 상황에서 어떤 마음과 자세를
가져야 하는지 알려주는 성서의 말씀을 나누고 싶습니다.
마음껏 성전에 갈 수 없는 상황에 놓인 고라 자손이 드리는
기도시 시편 84편 말씀입니다. 고라 자손은 예배를 담당했던
레위 지파입니다. 앗수르 왕 산헤립이 유다를 침공했을 때 강제
이주를 당하여 성전에서 예배를 드리지 못하게 되었습니다.
그들은 과거에 자신들이 누렸던 성전에서의 예배가 얼마나
귀하고 복된 일이었는지 깨닫게 되었습니다. 그래서 성전에
갈 수 없으나 그곳에서 드렸던 예배를 회상하며 애틋하고
절절하게 그리움을 담아 노래합니다. 성전 주위에 둥지를
튼 새들이 부럽다고 이야기합니다(3-4절). 나의 하나님이라고

친밀하게 고백하면서, 성전 문지기로 있고 싶다고 고백합니다.
그 말씀에 이어서 순례자들이 걷는 발걸음을 묘사합니다.
눈물의 골짜기를 지날 때 주님께서 도우심을 경험하게 됩니다.
주님께서는 메마른 골짜기에서 많은 샘을 보게 하시고, 이른
비(가을비)가 와서 식물들을 자라게 하십니다. 그 순례의 길이
은혜와 축복의 길이 됩니다. 순례자들은 예배를 그리워하며
걸어갑니다. 저는 주의 궁정에서의 한 날이 다른 곳에서의 천
날보다 낫다고 고백하며 성전 뜰 문지기로 있는 것이 좋다는
시편 기자야말로 정말 아름다운 예배를 드리고 있다는 생각이
들었습니다. 12절이 결론이라 할 수 있는데 그것은 "하나님을
의지하는 자가 복이 있다"는 것입니다. 그 겸손한 마음가짐에서
참된 예배는 이미 시작되었습니다. 교회에 갈 수 없는 불가피한
상황에 놓인다고 해도 이렇게 그리워하고 소망을 품고, 주님만
의지하는 그런 아름답고 신실한 예배자가 되어야겠습니다.

35. 혼자 예배해도 '예배'라고 할 수 있나요?

통계청의 2020년 인구총조사에 의하면, 우리나라 '1인 가구' 비율은 32퍼센트(총 2,093만 가구 중 664만 가구)로 전체 가구 유형 중 가장 높은 비중을 차지하며 1인 가구의 비율은 지속적으로 증가할 것으로 예상됩니다. 우리에게 익숙한 '두세 사람'이라는 성경의 기준에 못 미치는 1인 가구의 급격한 확대는 예배에 대한 새로운 안목을 요구합니다. 더불어 가족 중에 혼자 믿거나 교회에 갈 상황이 되지 않는 분들도 늘어나고 있어 신앙생활의 단위가 가족에서 개인으로 바뀌는 추세이기도 합니다. 물론 일정한 장소에서 정해진 시간에 온 가족이 함께 모여 예배를 드리면 좋겠지만 그렇지 못한 것이 오늘의 현실입니다. 이에 혼자 드리는 예배의 필요성과 중요성이 점증하고 있습니다.

우선 성경에 등장하는 개인 예배의 사례를 소개합니다. 다니엘은 바벨론에 포로로 잡혀갔으나 하루에 세 번씩 성전을 향하여 기도했습니다. 그의 기도는 다시 성전에 돌아가 예배드릴 날을 꿈꾸는 소망 가운데 있었을 것입니다. 일정한 공간에서 자유롭게 예배를 드리기는커녕 위험을 무릅쓰고 예배를 드렸습니다. 포로로 잡혀갔다 하여 예배를 중단하지 않았습니다. 오히려 간절하게 이스라엘의 회복을 위해 기도하였고 하나님 앞에서 신실함을 잃지 않았습니다. 비록 성전에서 예배드리지 못하였으나 다니엘은 자신을 부르신 그곳을 거룩한 성전으로 만들었습니다.

로완 윌리엄스는 사막의 독방에서 예배드리는 수도사들의

모습을 다음과 같이 소개합니다. "수도사의 독방은 세 젊은이가 하느님(하나님)의 아들을 발견한 바빌론의 용광로 같았다. 하느님(하나님)께서 모세에게 말씀하시던 구름 기둥 같았다." 로완 윌리엄스는 예배자의 관조적 신실함(Contemplative Faithfulness), 즉 겸손하게 엎드려 하나님의 말씀을 듣고, 잠잠한 가운데 기도와 찬양으로 예배하는 이들이 만들어내는 예배의 신비와 기적을 그렇게 묘사합니다. 혼자 드린다고 하여 그것이 예배가 아니라고 단정할 수 없음을 우리는 이러한 사례들을 통해 알 수 있습니다. 그들의 예배도 보편적 교회 안에서 전 세계의 성도들과 함께하는 예배 행위로 여길 수 있다는 것입니다. 하나님이 어디에나 계시다는 편재성과 예배 행위의 우주적 보편성을 감안하여 귀담아들어야 할 내용입니다. 다만 필립 파타이처(Philip Pfatteicher)가 이야기한 것처럼 하나님과 관계없는 나만의 개별적인(individual)인 경험과 하나님과의 친밀한 개인적인(personal) 교제는 분명하게 구분해야겠습니다.

지나치게 이분법적으로 개인 예배와 공적 예배를 나누거나 예배의 진정성과 적합성을 속단하지 않기를 바랍니다. 이런 맥락에서 제임스 화이트는 "개인 예배와 공동 예배는 모두 그리스도의 몸인 보편 교회의 예배를 공유하기 때문에 완전히 연결되어 있다(fully corporate)"라고 설명합니다. 개인 차원의 경건 활동을 적극적으로 장려하면서 공적 예배도 중요하게 여겨야 할 이유가 여기에 있습니다.

혼자 드리는 예배를 위해서는 철저하고 진지한 준비와
지속적인 훈련이 전제되어야 할 것입니다. 1인 가구는
교회로부터 멀어져서 가나안 성도가 될 가능성이 높고, 교회의
모임에 참여하는 비율이 낮습니다. 따라서 어떻게 하면 주어진
여건 속에서 아름다운 예배자로 살아가며 다른 교우들과
교제할 수 있을지 1인 가구를 환대하며 배려하고 목회적인
도움을 제공해야 할 것입니다.

결론적으로 개인 예배와 공적 예배 모두 소중히 여기며
서로 보완적으로 선용하는 것이 바람직합니다. 주일에
예배드리는 것은 아름답고 소중한 전통입니다. 구별된 시간과
장소에서 함께 예배드리는 것을 강력히 권합니다만 그보다
더 본질적인 예배의 속성을 기억하십시오. 예배는 조건이나
상황에 관계없이 하나님께 영으로 드리고 진리이신 예수님을
받아들여 믿음 가운데 드리는 것입니다. 하나님과 개인적으로
깊게 교제하는 기쁨과 다른 사람들과 만나 함께 드리는
공적예배의 축복을 모두 마음껏 누리기를 바랍니다.

36. 온라인 예배, 어떻게 바라보아야 할까요?

전 세계적으로 엄청난 양의 정보가 디지털로 생산되고 소비되고 있습니다. 이제 디지털 미디어는 인류의 삶에서 빼놓을 수 없는 삶의 기반이자 삶을 영위하는 중요한 도구가 되었습니다. 디지털 미디어와 함께 성장한 MZ세대들은 생활 기반 자체가 확연히 달라질 것이라 예상합니다.

교회 생활에서도 디지털 미디어의 활용은 이미 활발하게 이루어져 왔습니다. 사역자들이 인터넷 사이트를 통해 유용한 정보를 찾아 목회와 설교에 도움을 받는 것은 이미 오래된 일입니다. 개인 컴퓨터는 물론이요, 스마트폰으로 설교를 듣는 것은 보편화된 현상이며 홈페이지와 더불어 블로그, 밴드, 카페와 같은 비대면 공간에서 교회 소식을 공유하고 소셜 네트워크 서비스(SNS)를 적극 활용하는 것은 교회 사역에 더 이상 낯선 풍경이 아닙니다. 디지털 미디어 기반의 플랫폼은 점차 늘어가고 기독교 사이버 공동체가 곳곳에 점증하는 추세이며 공교롭게도 코로나19 팬데믹은 디지털 미디어가 확장되는 계기가 되었습니다. 복음과 문화는 끊임없이 대화를 이어왔기에 기독교인들이 이러한 현상에 귀를 기울이고 선용하는 사례는 더욱 늘어나리라 예상합니다.

디지털 미디어의 활용에 대한 기독교의 전반적인 반응은 그 기능과 공헌에 대한 인정과 더불어 선용에 대한 기대, 오용에 대한 우려가 섞여 있습니다. 온라인 예배로 범위를 좁혀 구체화할 경우 지금까지 나온 입장들은 다양한데 크게 두 가지의 상반된 의견이 있습니다.

첫째, 온라인으로 드리는 예배는 온전한 참여를 보장할 수 없으며 엄밀한 의미에서 공적인 예배로 볼 수 없다는 견해입니다. 이들은 온라인 예배가 갖는 탈 육체성의 한계와 공동체성의 결여를 아쉬워합니다. 제임스 스미스는 디지털 미디어를 작은 스크린 안에서 "자의식 게임"을 하는 것으로 비유한 바 있습니다. 화면에 몰두하게 되면 화면 밖의 세상과 단절되어 깊은 대화와 아름다운 관계 형성이 어렵게 된다는 뜻입니다.

둘째, 멀티미디어의 적극적인 활용은 보편적, 우주적, 세계적 교회를 추구함에 있어 상당한 도움을 준다는 의견이 있습니다. 건물에 모이는 공동체가 아닌 네트워크 기반의 새로운 공동체성에 대해 전향적으로 이해합니다. 새로운 시대를 맞아 제기된 탈 권위적, 탈 중앙적 소통방식을 선용할 수 있고 평신도 참여라는 가치 구현에도 디지털 미디어 환경이 큰 도움이 됩니다. 안선희 교수는 온라인의 활용이 성도들의 일상에서 종교성을 구현하는데 긍정적으로 기여하여 '생활 종교'의 확산에 도움을 줄 것이라는 낙관적 기대를 나타낸 바 있습니다.

셋째, 절충하는 입장입니다. 온라인 예배를 대안적 예배의 하나로 여기되 온라인 예배를 궁극적인 예배로 여기거나 절대화하지 말자는 주장입니다. 현장예배를 강조하면서도 부득이한 경우를 위해 온라인 예배를 준비하자고 이야기합니다.

온라인 예배를 드려도 되는지, 혹은 온라인 예배가 대안적 예배로서 어느 정도의 적합성을 갖는지에 대한 논의는 분명한 결론을 내리기 어렵습니다. 각각의 주장에는 특정 교단, 교회의

입장이나 개인의 신학적 견해가 담겨 있기 때문입니다. 각각의
의견들이 옳고 그르냐에 대한 판단은 표현과 사상의 자유
영역이기에 조심스럽기도 하고 사고방식과 신학적 입장의
차이를 굳이 하나로 묶어서 규범적 결론을 내리려는 시도
자체가 반드시 필요한 것도 아니고 보편적 타당성을 갖기도
어렵습니다.

우리가 해야 할 일은 어떤 방식을 선택하든지 모든 예배에서
공동체 전체가 차별 없이 능동적으로 참여하여 아름다운
화음을 만들어내고, 삶에서 예배자의 향기가 나도록 준비하고
실천하는 것입니다. 그것은 시대와 장소와 환경을 초월하여
반드시 다루어야 할 중요한 사안입니다. 예배에서 디지털
미디어의 활용에 대한 다양한 시선을 인정하고 그 다양성
안에서 예배의 본질을 추구하는 노력이 필요합니다. 위기는
늘 새로운 돌파구를 찾도록 해주고, 생각지도 못했던 기회와
축복을 우리에게 제공해왔습니다. 따라서 우리는 놀라거나
두려워하기보다 선용의 방법을 찾기에 힘써야 합니다.

그동안 나눈 이야기를 정리하면서 다음과 같이 온라인
예배에서 염두에 두어야 할 내용들을 제시해 봅니다.

첫째, 무엇보다 예배의 본질에 대해 진지하게
생각해야겠습니다. 우리의 예배에서 복음의 신비, 거룩한

하나님과의 만남, 은혜와 환대, 공동체성, 파송받은 기쁨과
결단, 이웃을 향한 섬김을 마음껏 배우고 느낄 수 있기를
소망합니다. 지금까지 우리가 어떤 예배를 드렸는지 살펴보는
기회가 되기를 바랍니다. 요는 대면이냐 비대면이냐의 문제가
아니고 교회가 참된 복음을 선포하고 성례전의 은혜를 바르게
실천하느냐의 문제입니다.

둘째, 성서와 교회 전통과의 끊임없는 대화를 통해 검증하고
보완하기를 바랍니다. 디지털 정보들을 설교와 예배의 본질을
구현하는 도구적 형식(instrumental forms)으로 선용할 수 있기를
바랍니다. 더불어 디지털 문명이 이 시대의 바벨탑이 될
수도 있다는 경각심을 잃지 말고 늘 인간의 근본적 죄성과
불완전함에 대한 객관적인 시선을 유지하기 바랍니다.

셋째, 인터넷 자료에 대한 분별력을 향상시켜 나가야 합니다.
과다한 디지털 자료로 인해 과거에 비해 가짜 정보, 수준 낮은
정보에 대한 노출 문제가 더욱 심각해졌습니다. 이러한 현상의
위험성에 대한 경계를 늦추지 말아야 합니다. 수많은 자료들의
적합성을 분별하기 위해 깊고 풍부한 인문학적 소양과
윤리적 판단 기준이 그 어느 시대보다 절실하게 요구됩니다.
정보기술(IT)의 시대에도 여전히 핵심적인 아이디어는
인문학에서 나온다는 사실은 교회에 시사하는 바가 큽니다.
분별의 지혜와 거룩한 영성의 고양을 위해 성찰하고 기도해야
합니다. 거짓된 정보에 미혹되지 않도록 늘 깨어 있어야
합니다. 인터넷 자료와 정보에 전적으로 의존하여 판단하지
말고 늘 경각심을 가지고 대하며 확실하게 밝혀지지 않은
이야기는 나누지 않는 것이 좋겠습니다.

넷째, 결국 소통의 가장 중요한 기반은 인격적 만남입니다.
직접적인 만남의 가치는 높으며 대면이 반드시 요구되는 목회
환경도 분명히 존재합니다. 스마트폰 화면에서의 제한적인
만남보다는 하나님과의 깊은 사귐을 머금은 대면과 교제가

당연히 바람직하고 추구해야 하는 방식입니다. 디지털 미디어 기반의 소통에 전적으로 의존하지 않기를 바랍니다. 디지털 미디어는 어디까지나 보조적 수단이라는 사실을 잊지 말고 사역자와 성도 간에, 성도와 성도 간에 직접적인 소통과 인격적 만남이 원활하게 이루어지는 것이 바람직합니다.

다섯째, 환대와 배려는 교회가 장소와 환경을 뛰어넘어 온전한 예배를 논할 때 기준이 되어야 할 가치들입니다. 온라인 예배를 드리면서 혹시 소외되는 분들은 없는지 돌아보아야 마땅합니다. 온라인 예배에서 디지털 격차의 문제를 최소화하고 배려와 환대를 구현하기 위해 최선의 노력을 경주해야만 합니다.

마지막으로 우리 몸을 산 제사로 드리는, 생활신앙으로 나아가는 예배야말로 우리가 목표로 삼아야 할 진정한 예배의 모습이라고 생각합니다. 온라인 예배가 가능하냐 불가능하냐는 율법적 구분보다 예배의 본질을 회복하는 것이 더 중요합니다. 어떻게 하면 교회 밖에서 온전한 예배를 드릴 수 있을지 최선을 다해 대안을 찾아보고, 시행착오를 겪으면서, 좋은 사례들을 나누는 일이 우리에게 주어진 당면과제라고 생각합니다. 노파심에서 첨언합니다. 무엇보다도 교회에서의 예배를 소중히 여기고 그리워하시기 바랍니다. 온라인 예배가 직접 만나는 것을 완전히 대신할 수는 없습니다.

37. 온라인 성찬도 유효한가요?

온라인 성찬을 찬성하는 입장에서는 성찬의 우주적 보편성과 성도에 대한 배려, 영성 고양을 위해 반드시 필요하다고 주장합니다. 전문사역자 중심의 위계적 공간에서 평등한 탈중심적 공간으로 전환될 수 있다고 하면서 온라인 성찬의 긍정적 측면을 주장하는 이들도 있습니다. 성찬의 장소 또한 전향적인 시각에서 바라보기도 합니다. 공간이 갖는 거룩한 장소성은 공간 자체가 아니라 그 공간에서 이루어진 사건 때문입니다. 야곱이 잠에서 깨어나 예배드린 돌베개가 하나님의 집이 된 것, 모세가 신을 벗은 시내산이 거룩한 의미를 갖게 된 것이 좋은 사례입니다. 이에 반해 온라인 성찬을 반대하는 근거는 대체로 참된 교회의 표지인 성례전적 경건성의 확보가 어렵다는 점입니다. 더불어 온라인 성찬이 성례전의 공동체적 속성을 구현하기에 적합하지 않고 동일한 빵과 포도주를 사용할 수 없는 한계가 있다고도 합니다.

신학적으로는 반대하지만 상황을 고려하여 어쩔 수 없이 허락해야 한다는 입장도 있습니다. 온라인 성찬의 타당성을 수용하면서 가정에서 사용할 수 있도록 성찬 예식문을 미리 나누어주는 등 대안을 마련하자는 의견도 있습니다. 다양한 신학적 입장만큼이나 성찬을 진행 혹은 집례하는 방식도 여러 가지입니다. 성찬 장면을 중계하면서 미리 준비한 떡과 포도주를 먹고 마시는 경우가 가장 일반적이라면, 개인이나 목장 모임처럼 소그룹 리더에게 준비와 집례를 위임하기도

합니다. 가상현실(Virtual Reality)을 시도하는 사례도 있다고
합니다.

온라인 성찬에는 다양한 의견과 방법이 있습니다. 어떤 의견이
절대적으로 옳다고 단정할 수는 없습니다. 열린 마음으로
다양한 방식을 사용하되 교회와 교회가 속한 교단의 입장을
참고하시면 됩니다. 온라인 성찬의 가능 여부는 사실 교회
공동체나 교회가 속한 교단의 의견을 따르는 것이 좋습니다.
성찬에 대한 신학적 입장의 다양성은 개신교에서는 매우
자연스러운 일입니다. 이에 따라 명심해야 할 내용들을
정리하면 다음과 같습니다.

첫째, "나를 기념하라"는 주님의 말씀을 되새기고 은혜를
묵상하는 기회로 삼으십시오. 둘째, 우리의 신실한 신앙고백이
있어야 합니다. 당연한 이야기지만 성찬의 의미를 진지하게
생각해보는 기회로 삼기 바랍니다. 셋째, 자신을 돌아보시기
바랍니다. 주님의 살과 피를 먹고 마시기에 부족한 모습을
주님 앞에 내려놓고 진지하게 회개하며 은혜를 간구하시기
바랍니다. 넷째, 성찬의 나눔을 위한 다양한 형태의 물질과
방식을 열린 마음으로 수용하시기 바랍니다. 다섯째, 주님의
'은혜'와 조건 없이 부르시는 '환대'의 정신이 살아 있어야
합니다. 주님께서 그렇게 하셨듯이 어떻게 나를 다른 이들을

위해 내줄 수 있는지 생각하는 기회로 삼으십시오. 여섯째, 기존의 방식과 달라 다소 어색하더라도 진지하고 겸손한 마음으로 모든 순서에 적극적으로 참여하시기 바랍니다.

하나의 결론을 내리기 위해 성급하게 다가서기보다 다양한 시도들을 너그러운 시선으로 바라보셔야 합니다. 지금은 독창적인 시도를 격려하고 새로운 실수를 용납해야 할 때입니다. 뺄셈에서 덧셈으로, 소외에서 환대로, 모이는 은혜로부터 흩어지는 소명으로 향하는 것이 예배의 본래적 속성 아니었던가요?

38. 예배에서의 상징과 예술을
어떻게 이해할까요?

십자가는 기독교의 대표적인 상징입니다. 십자가의 종류는
참으로 다양합니다. 동방교회에서 사용하는 그리스 십자가는
가로세로 길이가 같고 서방교회의 라틴십자가는 세로가
깁니다. 한편 개신교회 중에는 십자가를 사용하지 않는 교회도
있습니다. 상징의 종류와 쓰임새도 매우 다양합니다. 예술과
상징의 사용에 대해 이해하기 위해서는 역사적인 배경에 대해
알아볼 필요가 있습니다.

성상파괴 논쟁을 통해 교회는 성상에 대한 거대한 입장 차이를
경험했습니다. 주후 726년 동방의 황제 레오 3세(재위 717~741)가
성상파괴 법령을 공표했고 843년 콘스탄티노플의 총대주교
메토디우스(재위 843~847)는 성상을 옹호하고 성상파괴자들을
정죄했습니다. 그 기간 동안 그 유명한 '성상파괴 논쟁'(Iconoclast
Controversy)이 있었습니다. 성상파괴자들(Iconoclasts)은 그림이나
조각이 우상숭배이며 그리스도의 신성을 왜곡한다고
주장했고, 성상옹호자들(Iconophiles)은 성상에 경의를
표하는 것은 그것이 표현하는 대상을 존중하는 것이라고
이야기했습니다. 787년에 있었던 제2차 니케아공의회에서는
성상옹호론자들이 승리했고 이후 이런저런 논쟁들이 있기는
했으나 가톨릭교회에서는 성상이, 동방정교회에서는 이콘의
사용이 보편화되었습니다.

종교개혁기에 와서 성상에 대한 이야기가 다시 수면 위로

떠오릅니다. 루터는 모든 예술과 상징과 기호와 같은 것들은
'라르바 데이'(larva Dei, 하나님의 가면)로서 숨어 계시는 하나님을
만날 수 있는 가면이자 접촉점이라고 말했습니다. 루터는
예술과 상징의 사용에 우호적이었지만 대부분의 개혁가들은
정도의 차이는 있지만 경계하는 자세를 견지했습니다.
츠빙글리는 성인들의 성상이나 성화 숭배를 우상숭배라고
비판하면서 성상과 성화를 교회에서 완전히 제거하였고
심지어 악기 사용도 허락하지 않았습니다. 다만 성서의 진리와
역사적인 표상을 나타내는 이미지와 형상, 그리고 교회의
창문을 예술작품으로 장식하는 것은 허락했습니다.

상징은 감추어진 실재를 함께 경험할 수 있도록 도와줍니다.
상징은 더불어 느끼고, 연상하고, 상상하고, 감동하며,
공감하게 만드는 특별한 영향력을 가지고 있습니다. 미국의
예배학자 로렌스 스투키(Laurence H. Stookey)는 "하나님의 은혜가
세례식에서의 물, 성찬식의 빵과 포도주와 같은 물질을 통하여
선포되며 하나님은 하나님의 창조물을 통해서 사람들과
대화하시기 원하신다"라고 했습니다.

하나님께서는 평범한 '물질'들이 '은혜의 통로'로 다가오도록
영적인 감수성을 허락하셨습니다. 김진혁 교수의 표현을
빌리면, "이 세계 안에서 미적 체험을 '통해' 아름다움의 근원인
하나님을 향유(enjoy)하도록 욕망이 바르게 질서 잡혀 간다면,

아름다움은 하나님께로 인도하는 중요한 매개"가 됩니다. 예를 들어 예배당에 걸린 소박한 십자가를 보고 골고다에 오르는 예수님을 상상할 수 있다면 십자가는 분명 신앙의 고양에 도움이 됩니다. 우리는 성찬식에서 빵과 포도주를 먹으며 주님의 마지막 식사를 생생하게 기억하고, 세례식의 물을 통해 생명과 구원의 신비, 즉 죽고 다시 태어나 주님의 자녀가 되는 기쁨과 감격을 느낄 수 있습니다.

상징은 잘 사용하면 영적으로 유익을 주지만 무분별하게 사용할 경우 오히려 해가 되기도 합니다. 분별없이 사용하는 상징은 우리의 신앙을 왜곡시키고 편협하게 하며 주님의 모습을 가리기도 합니다. 상징과 예술이 예수 그리스도의 은혜를 경험하는 데 걸림돌이 된다면 사용하지 않는 것이 지혜로운 일입니다. 함께 보고, 느끼고, 은혜를 누리는 상징들을 모쪼록 예배와 신앙생활에서 적절하고 아름답게 사용하기를 소망합니다.

39. 예배만 드리는 건물이 꼭 필요할까요?

초대교회 교인들에게는 예배만 드리는 독립된 건물은 없었습니다. 가정집이나 회당을 빌려 예배드렸고 박해를 피해 카타콤에서 모이기도 했습니다. 교회가 본격적으로 건물을 갖게 된 것은 기독교 공인 이후입니다. 교회는 로마의 공공건물을 차용한 바실리카(Basilica) 방식으로 예배공간을 확보하고 바뀐 위상을 외부에 드러냈습니다. 바실리카는 고대 그리스 신전을 로마식으로 해석하여 만든 건물로 관공서, 극장 등 공공건물에 광범위하게 사용되다가 이후 고딕 등 다양한 양식으로 교회를 건축하게 됩니다.

교회는 예수 그리스도를 머리로 하는 성도들의 모임을 의미합니다. 일찍이 디트리히 본회퍼(Dietrich Bonhoeffer)는 예수 그리스도를 통한 참된 교제와 공동체로서의 교회론을 제시했고 한스 큉(Hans Küng)은 '예수가 전한 하나님의 나라'로 교회를 정의하면서 본질을 지향하는 신앙공동체에 대한 구체적인 서술을 시도합니다. 우리가 흔히 볼 수 있는 십자가와 종탑이 있는 그런 지역교회도 교회이지만, 눈으로 볼 수 없어도 하나님의 사역이 이루어지는 우주적이며 보편적인 교회도 역시 교회라는 의미입니다. 교회를 결정하는 물리적 '경계선'이 공간적, 교파적 개념으로부터 실존적, 공동체적 개념으로, 즉 비물리적 경계선으로 바뀌게 된 것입니다. 이는 모이는 장소로서의 교회, 교파에 따라 분류되는 교회로부터 신앙의 고백과 성도의 삶이 교회라는 모임의 정체성의 중심에 서게

되었다는 의미입니다. 교회를 뜻하는 '에클레시아'(ἐκκλησία)가
특별한 목적을 위해 부르심을 받은 사람들이라는 의미를
담고 있음은 우연이 아닙니다. 이런 맥락에서 김진혁 교수는
"일상적이고 대중적인 삶에 침몰해 있던 사람들이 하나님의
부름을 받아 기존의 삶의 방식으로부터 나와서 새로운 사명을
공유하게 된 공동체"가 에클레시아이며 교회라고 정의합니다.

이렇듯 교회의 가시적인 모습보다 교회와 성도의 사명에
대해 깊은 관심을 갖게 된 것은 매우 긍정적이며 고무적인
현상입니다만 예배를 드리는 구별된 장소, 사귐과 나눔과
교육이 이루어지는 특별한 공간으로서 교회 건물은 매우
중요한 의미를 갖습니다. 교회 건물이 공동체의 중심이
되는 것은 지극히 자연스러운 일입니다. 공간이 사람의
마음을 움직인다는 표현이 있습니다. 교회 건축은 구별된
장소에서 '하나님과 인간의 만남'을 가시화하여 다른
곳에서는 경험하기 힘든 거룩과 경외를 경험하도록 돕습니다.
건축에서는 예배공간으로 들어오면서 공간적/시간적 전이(轉移,
Transformation/Metastasis)가 이루어진다고 표현합니다. 이렇듯
교회 건물은 다른 건물들과는 다른 독특한 정체성을 가지고
있으며, 예배에 참석하는 이들에게는 세상과 구별되는 정서를
제공합니다. 또한 효율적인 예배와 교육과 친교를 위해 교회
건물은 대단히 중요한 역할을 감당합니다. 당연한 이야기지만
독립적인 공간은 밖에서 들려오는 소음으로부터 자유로울
수 있게 해주고 밖으로 나가는 소음도 차단해줍니다. 예배
집중력과 참여자들의 친밀도를 높일 수 있습니다.

더불어 교회 건축은 각 교회의 신학적 다양성을 표현하는
구체적인 결과물이기도 합니다. 예전적인 교회들이 상징을
강조하는 것이나 개혁교회들이 강대상을 중심으로 교회의
평면을 구성하는 것은 지극히 자연스러운 일입니다. 현대적인
예배를 드리기 위해 공연장적 요소가 활용되기도 합니다.

최근에는 교회가 독점적 예배 공간의 한계를 넘어 다양한
용도로 사용되고 있습니다. 여러 공동체가 공간을 나누어
사용하기도 하고 도서관이나 카페는 물론이고 상담, 교육,
공연 등을 위해 지역사회에 공간을 빌려주거나 공유하는
사례도 자주 발견됩니다. 교회의 의미와 본질에 충실하면서
지역사회와 능동적으로 소통하려는 시도가 점증하는
추세입니다. 역사적으로도 교회 건축은 사회적인 환경과
문화의 변화에 따라 다양한 모습을 가지고 있습니다.

39

교회 건물이 예배와 교육과 친교를 돕는 본래의 역할에
충실하도록 아름답고 쾌적하게 가꾸는 노력은 반드시
필요합니다. 어떻게 하면 거룩하면서도 편리하고, 심미성을
갖추면서도 검소하고, 이웃에게 유익을 줄 수 있을지 진지하게
고민해야 할 것입니다. 한편으로 교회가 아닌 다른 장소에서
주중모임을 갖거나 예배를 드리는 사례들이 늘고 있습니다.
공동체성의 구현에 있어서 대규모의 회중이 모이는 예배
시설보다 오히려 더 효과적일 수도 있습니다. 목양의 영역에서
이렇듯 교회가 아닌 가정이나 소그룹을 활용하는 방식은 이제
더 이상 새로운 방법도 아닙니다. 교회 건물은 동시적인 예배를
위한 중요한 시설이면서 다양한 활동을 위한 일종의 거점이 될
수도 있으며, 그 쓰임새가 날로 다양해지고 있습니다. 그러므로
예배를 위한 장소로서의 높은 가치를 인정하되 교회 건물을

예배만을 위한 유일한 장소로 여긴다거나 절대시할 수는 없을
것입니다.

40. 평등한 예배, 어떻게 드릴까요?

차별을 느끼지 않고 환대와 배려 속에서 예배를 드리는
것은 어쩌면 당연한 일입니다. 기독교의 기본적인 가치이며
정신이기 때문입니다. 평등한 예배를 위한 성경적 기준은
분명합니다. 예수님께서 식탁에서 베푸신 차별 없는
환대입니다. 예수 그리스도의 삶과 정신을 따라 세워진
교회는 남녀노소, 빈부귀천 구별이 없는 급진적인 사랑과
평등의 공동체입니다(갈 3:28). 예배에서 이루어지는 고백과
찬양과 세례와 성찬은 모두 이러한 아름다운 가치와 목표를
품고 있습니다. 종교개혁자들이 당시 가톨릭 사제의 막대한
권한과 역할에 반대했던 이유는 분명합니다. 우리는 모두 택한
족속이고, 왕 같은 제사장이며, 거룩한 나라이고 하나님의
소유된 백성이라는 말씀이 이 사실을 분명하게 밝히고
있습니다(벧전 2:9). 하나님의 백성들 간에 어떠한 차별도 있을 수
없고 있어서도 안 됩니다. 모든 성도가 예배공동체의 평등한
일원이라는 확고한 인식이 중요합니다. 더불어 평등한 예배를
위한 가시적이고 구체적인 노력이 요구됩니다.

첫 번째로 예배공간을 살펴봅니다. 애초 예배공간에서 차별이
이루어진 대표적인 사례는 강단과 회중석의 엄격한 분리라고
할 수 있을 것입니다. 중세 고딕 성당의 경우 아예 사제의
공간을 따로 두어 평신도와 분명하게 나누어 놓기도 했습니다.
물론 요즘 교회 건축에서 이렇듯 공간을 가시적으로 지나치다
싶게 분리한 사례는 드물지만, 강단이나 가구의 크기와 공간의

넓이 혹은 높이를 통한 경직된 공간 분리는 의외로 많습니다. 많은 교회들이 전형적인 위계적 공간구성을 극복하기 위해 강단이 제일 낮고 회중석 뒤쪽이 제일 높은 공연장 구조로 만든다거나, 원형이나 ㄷ 자 회중석으로 서로 볼 수 있게 만들기도 합니다. 앞으로 탈중앙, 탈권위적 소통방식에 따라 일방적, 계층적 건축이 쌍방소통의 열린 공간으로 진행되는 흐름은 더욱 힘을 얻게 될 것입니다. 민주적인 공간을 구성하기 위한 시도는 더욱 늘어날 것으로 예상됩니다.

두 번째로 장애인들이 불편 없이 사용할 수 있도록 실제적인 노력이 필요합니다. 출입 문제는 물론 교회에서 이루어지는 여러 가지 활동에 효과적으로 참여할 수 있도록 배려하고 실제로 건축에 녹여내는 노력이 요구됩니다. 법으로 규정된 수준을 뛰어넘는, 보다 구체적이고 적극적인 실천이 필요하다는 뜻입니다. 나아가 청각, 시각 등 다양한 장애를 염두에 두고 어떻게 예배에서 배려할 것인가를 논의하고 실천해야 할 것입니다. 최근 교회에 정신지체장애를 가진 이들을 위한 모임과 예배도 만들어지고 장애인들이 예배에 보다 편리하게 참여할 수 있도록 공간과 시설에서 많은 변화가 이루어지고 있음은 매우 긍정적이고 고무적인 일입니다. 완만한 경사로나 엘리베이터 등 장애인 접근성이 좋은 시설은 노약자와 영유아에게도 큰 도움이 됩니다.

세 번째로 남녀노소를 불문하고 되도록 많은 사람들이 예배에 능동적으로 참여할 수 있도록 배려해야 할 것입니다. 소외됨이 없어야 한다는 뜻이고 교회공동체에 속한 지체들과 '더불어' 예배드리는 것이 좋다는 의미입니다. 혼자 드리는 기도보다는 함께 드리는 기도, 공연에서 이루어지는 연주와 같은 찬양보다는 되도록 많은 사람들이 함께 나누는 찬양을 통해 성도들의 적극적인 참여를 독려하면 좋을 것입니다. 예배순서를 되도록 많은 분들이 돌아가면서 고르게 맡는 것도 좋습니다. 주일학교 어린이, 청소년, 청년이 예배에서 나름의 역할을 공유하는 것도 바람직합니다. 종교개혁자들이 이루고자 했던 목표 중에 성도들의 능동적인 예배 참여가 있었다는 것에 주목할 필요가 있습니다. 자국어로 된 성경과 찬양을 사용하고 성찬에서의 극단적인 분리를 극복하기 위해 애쓴 것도 바로 '평등'과 '환대'를 구현하고자 분투했던 좋은 사례입니다.

네 번째로 평등한 예배는 온라인예배에서도 동일하게 적용됩니다. 온라인의 활용에 익숙하지 않아 발생하는 디지털 격차의 문제를 최소화하고 배려와 환대를 구현하기 위해 최선의 노력을 경주해야 할 것입니다.

40

결론적으로 환대와 배려는 교회가 장소와 환경을 뛰어넘어 온전한 예배를 논할 때 기준이 되어야 할 가치들입니다. 교회는 평등의 가치관을 가시적으로, 의례적으로 구현하도록 부름받았습니다. 예수님의 마음으로 예배에 참여하는 분들을 상대해야겠습니다. 많은 사람들이 불편함 없이, 차별 없이 예배에 능동적으로 참여할 수 있기를 소망합니다. 평등한 예배는 자동적으로 이루어지는 것이 아닌 환대의 배려의 가치관을 가지고 끊임없이 노력해야 하는 부분입니다.

참고 도서

김기현. "나는 왜 네가 아니고 나인가?-'디오그네투스에게 보내는 편지'".
　　〈빛과소금〉 465, 2020. 8: 130-135.

김세광. 《예배의 신비》. 서울: 한들, 2020.

김세윤. 《주기도문 강해》. 서울: 두란노, 2011.

김영봉. 《바늘귀를 통과한 부자》. 서울: IVP, 2003.

＿＿＿. 《사귐의 기도를 위한 기도 선집》. 서울: IVP, 2004.

김진혁. 《질문하는 신학》. 서울: 복있는사람, 2019.

＿＿＿. 《우리가 믿는 것들에 대하여》. 서울: 복있는사람, 2022.

노라 갤러거(Nora Gallagher). 《성찬: 거룩과 일상이 만나는 주님의 식탁》.
　　전의우 옮김. 서울: IVP, 2012.

돈 샐리어스(Don E. Saliers). 《예배와 영성》. 이필온 옮김. 서울: 은성, 2002.

로렌스 스투키(Laurence Hull Stookey). 《성찬, 어떻게 알고 실행할 것인가?》.
　　김순환 옮김. 대한기독교서회, 2017.

로버트 뱅크스(Robert Banks). 《1세기 교회 예배 이야기》. 신현기 옮김.
　　서울: IVP, 2017.

로버트 웨버(Robert Webber). 《예배학》. 김지찬 옮김. 서울: 생명의 말씀사,
　　1988.

로완 윌리엄스(Rowan Williams). 《그리스도인이 된다는 것》. 기기철 옮김.
　　복있는 사람, 2015.

＿＿＿. 《사막의 지혜》. 민경찬, 이민희 옮김. 서울: 비아, 2019.

루스 덕(Ruth C. Duck). 《21세기 예배학 개론》. 김명실 옮김. 서울:
　　대한기독교서회, 2022.

세계교회협의회, 《BEM 문서》. 이형기 옮김. 서울: 한국장로교출판사, 1993.

송인규. 《아는 만큼 누리는 예배》. 서울: 비아토르, 2021.

스탠리 하우어워스. 윌리엄 윌리몬. 《십계명》. 강봉재 옮김. 서울:
　　복있는사람, 2007.

안덕원. 《우리의 예배를 찾아서》. 서울: 두란노, 2018.

알렉산더 슈메만. 《세상에 생명을 주는 예배》. 이종태 옮김. 서울: 복있는
　　사람, 2008.

월터 브루그만(Walter Brueggemann). 《안식일은 저항이다》. 박규태 옮김. 서울: 복있는사람, 2015.

이재철. 《새신자반》. 서울: 홍성사, 1994.

정장복. 《예배의 신학》. 서울: 장로회신학대학교 출판부, 1999.

_____. 《그것은 이것입니다》. 서울: 예배와설교 아카데미, 1999.

제임스 K. A. 스미스. 《하나님 나라를 욕망하라》. 박세혁 옮김. 서울: IVP, 2016.

_____. 《하나님 나라를 상상하라》. 박세혁 옮김. IVP, 2018.

_____. 《습관이 영성이다》. 박세혁 옮김. 서울: IVP, 2018.

제임스 토런스(James B. Torrance). 《예배, 공동체, 삼위일체 하나님》. 김진혁 옮김. 서울: IVP, 2022.

제임스 화이트 (James F. White). 《기독교 예배학 개론》. 김상구, 배영민 옮김. 서울: CLC, 2017.

톰 라이트(Thomas Wright). 《이 사람을 보라—톰 라이트의 고난주간 묵상》. 신현기 옮김. 서울: 살림, 2011.

한재동. "'예배갱신'의 내포적 의미와 그 실현범위—예배 본질의 회복과 그 시공간적 조건으로서의 본질적 요소들". 〈신학과 실천〉 18 (2009): 11-65.

홍종락. 《오리지널 에필로그: 번역가 홍종락의 C. S. 루이스 에세이》. 서울: 홍성사, 2019.

The Apostolic Tradition of Hippolytus, translated into English with Introduction and Notes by Burton Scott Easton. Cambridge University Press, 1934.

Das, A. Andrew . "1 Corinthians 11:17-34 Revisited". *Concordia Theological Quarterly* Vol. 62 No 3, 1998.

Davis, J.G. Ed. *The New Westminster Dictionary of Liturgy and Worship*. Philadelphia: The Westminster Press, 1986.

Poitras, Edward W. "Ten Thousand Tongues Sing: Worship among Methodist in Korea" in *The Sunday Service of the Methodists: Twentieth-century Worship in Worldwide Methodism : Studies in Honor of James F. White*. Kingswood Books, 1996, 195-208.

Smith, James K. A. "Holy Ambivalence: Secular Liturgies, Divine Politics". *CRUX* vol 49. no.1 (Spring 2013): 28-36.

White, James F. *Sacraments as God's Self Giving*. Nashville: Abingdon, 1983.

• 일부 저서와 논문, 그리고 인터넷 자료의 경우 참고도서 목록에 포함하지 않았습니다.

안덕원 교수의
예배 꿀팁
Got Questions? ③
Sweet Tips for Christian Worship
by Professor DeokWeon Ahn

지은이 안덕원
펴낸곳 주식회사 홍성사
펴낸이 정애주
국효숙 김의연 박혜란 손상범
송민규 오민택 임영주 차길환

2023. 4. 28. 초판 발행   2024. 10. 28. 3쇄 발행

등록번호 제1-499호 1977. 8. 1.
주소 (04084) 서울시 마포구 양화진4길 3
전화 02) 333-5161   팩스 02) 333-5165   홈페이지 hongsungsa.com
이메일 hsbooks@hongsungsa.com
페이스북 facebook.com/hongsungsa
양화진책방 02) 333-5161

• 이 책은 2023년도 횃불트리니티신학대학원대학교 교내연구비 지원을 받아 저술되었습니다.

ISBN 978-89-365-1558-4 (03230)